W0034354

d

Stefan Hertmans

DIE SUCHE NACH DER GEGENWART

Essays für eine Zeit der Übergänge

Aus dem Niederländischen
von Ira Wilhelm

DIOGENES TAPIR

Die Originalausgabe erschien 2022 bei De Bezige Bij,
Amsterdam, unter dem Titel ›Verschuivingen‹
Copyright © 2022 Stefan Hertmans
Covermotiv: Design by Diogenes Verlag,
Zeichnung von Saul Steinberg, ›Looking Back‹, 1953
© The Saul Steinberg, Foundation /
2023, ProLitteris, Zürich

Der Diogenes Verlag wird vom Bundesamt für Kultur
für die Jahre 2021–2024 unterstützt

Dieses Buch wurde mit Unterstützung von
Flanders Literature herausgegeben (flandersliterature.be)

Take care.

C2C SILBER
drucksinn.at

www.diogenes.ch/tapir

Where are we now, where are we now?
David Bowie

Inhalt

Vorwort

Von der Gegenwart weiß ich nichts, weil ich dabei gewesen bin« – immer wieder in den letzten Jahren muss ich an diesen Satz denken. Er stammt aus den Tagebüchern des deutsch-jüdischen Autors Victor Klemperer, der ihn während des Naziregimes, inmitten von Leid und Unsicherheit, fast beiläufig notierte.

Kann man über die eigene Zeit überhaupt etwas sagen? Keiner konnte Ende 2019 voraussehen, dass wir auf jenes Jahr als »das Jahr vor der Pandemie« zurückblicken würden, und keiner, dass 2022 das Jahr wäre, in dem Europa wieder in einen Krieg verwickelt sein würde. Es ist immer heikel, Aussagen über die eigene Zeit zu treffen, was uns jedoch nicht der Pflicht enthebt, Tendenzen dieser Zeit festzustellen oder deren strukturellen Bezüge zu analysieren und zu verstehen. Mehr als Zeugnis abzulegen über die Zeit, in der wir leben, können wir ohnehin nicht tun – etwa für die, die nach uns kommen, oder einfach für uns selbst, weil sich in jedem Versuch, etwas verstehen zu wollen, ein Funken Hoffnung verbirgt. Über dem Eingang zum Warschauer Museum der Geschichte der polnischen Juden stehen die Worte geschrieben: Wer einem Zeitzeugen zuhört, wird selbst zum Zeitzeugen.

Ich war versucht, meinen Essayband mit Nietzsches bekanntem Motto zu beginnen: Ein Buch für alle und keinen. Einerseits wäre das ziemlich anmaßend, andererseits umschreibt dieser Satz genau das leicht ohnmächtige Gefühl, das ich bei der Niederschrift empfunden habe. Wie lange bleiben Gedanken über aktuelle Probleme eigentlich aktuell? Manche werden schnell von den Tatsachen eingeholt, durch andere nehmen wir diese unbeabsichtigt oft vorweg. Verallgemeinerungen sind dazu verurteilt, an Widersprüchen zu scheitern, und Anekdoten wirken manchmal schon nach kurzer Zeit veraltet. Aber eines spüren wir alle: Wir leben in einer Zeit des Übergangs und steuern auf etwas zu, das wir erst in Ansätzen begreifen. So manches verschwindet, anderes entsteht. Gerade deshalb wäre es sinnvoll, Gedanken und Perspektiven gegeneinander abzuwägen. Und für alle, die dieses Bedürfnis kennen, sind meine Überlegungen gedacht – die allzu naheliegenden Meinungen sowie die offenen Fragen und Zweifel. Schließlich sind wir alle Zeugen, auch wenn wir nur sporadisch wissen, wovon. Mit Sicherheit aber bezeugen wir unsere rätselhafte Gegenwart – und die Verschiebungen, die wir jeden Tag wahrnehmen, ohne sie erklären zu können.

Umwelt ohne Zentrum

Unsere Zeit wird von drei großen Themen bestimmt: vom Klimawandel, von der Krise der neoliberalen Weltordnung und von der Migration.

Der Klimawandel ist das weitreichendste der drei Probleme. Er umfasst die gesamte Lebensgrundlage unseres Planeten und spielt bei zahlreichen weiteren drängenden Herausforderungen eine große Rolle, wenn er sie nicht sogar verursacht. Globale Pandemien und Migrationswellen als Folgen des Klimawandels sind möglicherweise erst ein Anfang. Wie wir inzwischen wissen, entstehen Pandemien durch Zoonosen, das heißt dadurch, dass Viren von Tieren auf Menschen überspringen, weil diese in Biotope eingedrungen sind, die sie besser in Ruhe gelassen hätten. Auch Migration entstand dadurch, dass wir in den vergangenen Jahrhunderten das Leben der anderen nicht in Ruhe gelassen haben: durch den Kolonialismus, durch die Zerstörung früherer Formen des Zusammenlebens, durch das politische und soziale Chaos als Folge der absurden Überzeugung einiger Menschen, anderen ihre eigene Kultur, Religion und Ideologie aufdrängen zu müssen. Die wachsende soziale und ökonomische Ungleichheit wird – verursacht von der neoliberalen Marktlogik und durch den Klimawandel verstärkt – zu noch mehr Migration führen.

In all diesen Fällen handelt es sich um ein *displacement:* Lebewesen, die ihrem ursprünglichen Lebensraum entrissen werden und in einer Umgebung landen, in der ihre Anwesenheit unvorhersehbare Folgen hat. Menschen, Pflanzen und andere Lebewesen, die sich in vielen Jahrhunderten, ja vielleicht sogar Jahrtausenden, an einem spezifischen Ort auf dieser Erde eine bestimmte Form oder Kultur angeeignet haben, werden nun durch einen sich ändernden Kontext gezwungen, den Ort zu wechseln, sich anzupassen oder eine andere Gestalt anzunehmen. Solche Formen des *displacement* beeinflussen nicht nur die Art und Weise, wie wir miteinander umgehen, miteinander kommunizieren oder das Sprechen im öffentlichen Raum regulieren, sie verändern auch die Strukturen dieser Lebewesen selbst. Wir können beobachten, wie immer mehr migrierende Lebewesen sich aufgrund des Klimawandels an neue Biotope anpassen und dadurch neue Varianten ausbilden. Genetisches Material verändert sich schneller, als wir angenommen haben, geprägt, wie wir sind, von einer Biologie, die bisher vorwiegend standorttreue Arten erforscht hat. Amseln pfeifen in der Stadt anders als auf dem Land, und auch ihre Ernährung ist eine andere; Füchse passen Streifzüge und Speiseplan ihren städtischen Revieren an, sie folgen dabei einer Logik, die sich sehr von der Logik ihres früheren Lebensraums unterscheidet, da sich ihre Überlebensstrategie bezüglich Nahrung und Fortpflanzung an anderen Bedürfnissen orientiert; subtropische Eidechsen migrieren heute entlang neuer Routen, die noch kaum erforscht sind; aufgrund sich ändernder Wassertemperaturen suchen Fische andere Laichplätze, bisweilen Tausende Kilometer von den ursprünglichen entfernt; Exoten gelangen als blinde Passagiere auf Frachtschiffen in für sie ungewohnte Gebiete und plündern und zerstören ganze Biotope; Pflanzen verschieben die Grenzen ihres angestammten Klimas und wandern mit den veränderten Temperaturen mit. Ballungsräume führen nachweislich zu Mutationen in der DNA von Tieren und Pflanzen. Noch weiß niemand, welche negativen Einflüsse Luftverschmutzung und Erderwärmung in Zukunft auf die Tier- und Pflanzen-DNA haben werden und wie sich das auf deren Überlebensfähigkeit auswirken wird. Die in den Sperrgebieten um Tschernobyl und Fukushima lebenden Tiere verwandeln die verfallende Industriearchitektur nach und nach in einen surrealen Lebensraum, doch lässt sich nicht im Mindesten voraussagen, welche Folgen die genetischen Veränderungen, die sie durchlaufen, auf zukünftige Tiergenerationen haben werden.

Etwas durchaus Vergleichbares ist bei der Migration von Menschen zu beobachten. Sie passen die Erinnerungen an ihre Kultur an die neue Situation an, in der sie zu überleben versuchen. Die Sprache von Migranten unterscheidet sich mit der Zeit von der Sprache der Gemeinschaft, die sie verlassen haben, wodurch ihr Selbstbild zwischen Verwurzeltsein und Anpassung aufgerieben wird; außerdem beeinflussen Migranten die Sprache der Bevölkerung ihres neuen Aufenthaltslandes, vor allem, wenn sie in den Medien, der Forschung oder der Literatur tätig sind. Die Literatur Großbritanniens zum Beispiel ist bekanntermaßen schon lange sprachlich von der Literatur seiner Eingewanderten geprägt. Es herrscht nicht länger *eine* bestimmte Tradition vor; an ihre Stelle tritt ein dynamischer kultureller Pluralismus.

Gemeint sind damit Muster, Prozesse und Modi, die zwar bei früheren Migrationswellen bereits in Erscheinung getreten sind, in unserer heutigen überbevölkerten und überhitzten Welt jedoch massenhaft und planetar stattfinden und ungekannte Dimensionen erreicht haben. Was Goethe noch Weltkultur nannte, ist für uns weitgehend zur europäischen Folklore geworden. Wie sich die Aufklärungsidee einer »Weltkultur« zur heutigen Globalisierung verhält, wird erst seit einer Generation konkret diskutiert.

Viele der sogenannten Naturvölker hatten früher keine Ahnung, wie abhängig sie von den Ressourcen waren, die sie endlos extrahierten oder vernichteten. Jahrtausendelang war es der Mensch gewohnt, den Reichtum der Erde für unerschöpflich zu halten, und niemand zweifelte daran, dass der Mensch diesen Überfluss verdient habe. Der amerikanische Evolutionsbiologe Jared Diamond beschreibt in seiner beeindruckenden Studie *Kollaps* ausführlich, wie polynesische und andere alte Kulturen ihren Untergang dadurch besiegelten, dass sie unbegrenzt Wälder rodeten, ausgerechnet jene Tierarten ausrotteten, die ihre Lebensgrundlage bildeten, und Biosphären, die seit Jahrmillionen in einem Gleichgewicht existierten, innerhalb weniger Generationen vollkommen zerstörten.

Auch die Kolonisatoren des 18. Jahrhunderts rotteten noch rein zum Vergnügen Tierarten aus, die dem Menschen gegenüber nicht den geringsten Argwohn hegten, weil ihre Evolution in einer Welt ohne Menschen stattgefunden hatte – man denke dabei an den Dodo, bestimmte Pinguin-Arten oder große Seekuh-Kolonien –, in der irrigen Annahme, dass dem Planeten gewissermaßen eine Unendlichkeit eigen wäre und die biblische, gottgegebene Natur ihnen alles erlauben würde. Nie hätten sie sich vorstellen können, dass zwei Jahrhunderte später Menschen auf dem Planeten unter Klaustrophobie leiden könnten, weil sie begreifen, dass sie den in der Natur sich abzeichnenden Problemen der Endlichkeit nicht entrinnen können.

Dabei hatte Immanuel Kant schon 1795 davor gewarnt, dass wir uns »nicht ins Unendliche zerstreuen können«, weil die Erde eine »Kugelfläche« besitze. Das heißt: Um den Weltfrieden zu schaffen, müssen die Völker, so Kant, unmissverständlich vereinbaren, wie sie mit der ihnen zur Verfügung stehenden »Oberfläche der Erde« umgehen wollen; von Natur aus ist kein Mensch mehr befugt als ein anderer, an einem bestimmten Ort der Erde zu leben. Aus diesem Grund verurteilt er den Kolonialismus der handeltreibenden Staaten, die, wie er sagt, zwischen Besuchen und Erobern fremder Länder und Völker keinen Unterschied machen, und er warnte davor, dass das universale Recht, die Erde friedlich bewohnen zu dürfen, im Moment überall gebrochen werde. Wie wir heute wissen, waren die Mächtigen, die Ökonomen und die Politiker taub für die prophetische Kraft seiner Worte.

Gustave Flaubert erzählt in einer spannenden Geschichte, wie der heilige Julian bei der Hirschjagd in einen wahren Blutrausch geriet, und die Chroniken des späten Mittelalters beschreiben königliche Festmahle, bei denen Tausende Vögel, Hunderte Hasen und Fasane und unzählige Stare aufgetischt wurden; im Himmel drängte sich eine Üppigkeit, die wir uns heute gar nicht mehr vorstellen können.

Noch in meiner Jugend, vor ungefähr einem halben Jahrhundert, lärmten in den Himmeln über den Feldern Goldammern, Feldlerchen, hoch fliegende Kiebitze mit ihrem verhaltenen Zwitschern, die Hecken quollen über vor Spatzenschwärmen und Meisen, die Wälder waren im Sommer durchdrungen vom trägen Ruf des Zilpzalps und dem Gesang der Gartengrasmücken und Drosseln, auf dem Land gab es im April noch überall Kuckucke, und in den Gärten fanden sich im September ganze Wolken lichttrunkener Tagpfauenaugen, die sich am gärenden Fallobst gütlich taten. Das alles ist vorbei – diese Geschöpfe haben Hunderttausende von Jahren auf der Erde gelebt und sind innerhalb nur einer Generation von Menschen fast vollkommen verschwunden. Kürzlich entdeckte man bei Untersuchungen in den Körpern einiger Insekten fast fünfzig unterschiedliche Insektizide. In den letzten dreißig Jahren ist mehr als ein Drittel der Insekten ausgestorben, Bienenarten sind durch den übermäßigen und weltweiten Einsatz von Pestiziden vom Aussterben bedroht. Regenwürmer, die für die Fruchtbarkeit der Humusschicht unverzichtbar sind, werden durch die in der Landwirtschaft eingesetzten Chemikalien stark reduziert. Auf keinen einzigen dieser Erdmitbewohner können wir verzichten, wenn wir Biodiversität und gesunde Biotope bewahren wollen.

Inzwischen ist das, was wir Natur nennen, vor allem still und leer. Die für unsere gemäßigte Klimazone typischen Baumarten wie Ulmen sterben ab, sogar die Buchenwälder, die seit Menschengedenken unsere Landschaften prägen, drohen zu verschwinden, weil sich das oberflächliche Wurzelsystem der Buchen durch die Trockenheit lockert und sie zuhauf von den immer stärker werdenden Stürmen gefällt werden. Das Artensterben vollzieht sich in einem Unheil verkündenden Tempo. Viele der Tiere, die in alten Gedichten besungen werden, kennen wir nicht mehr, der berauschende Duft unberührter Natur ist uns im eigenen Lebensraum gänzlich abhandengekommen. Mehr als neunzig Prozent der flüchtigen Gerüche der Natur werden von Auspuffgasen überdeckt, weshalb die »unberührte Natur« in dicht besiedelten Regionen nur noch eine erinnerungslose Fantasie darstellt. Wir betreiben zwar »Naturschutz«, doch der duftende Zauber einer alten Landschaft, wie es sie noch in meiner Kindheit gab, ist definitiv verloren. Jüngste Messungen zeigen, dass sich in den Gewässern der entferntesten Winkel des Planeten – in den Flüssen von Sibirien bis zu denen in Indien und im Amazonasgebiet (ganz zu schweigen von den Abwässern der städtischen Ballungsgebiete) – Spuren von Medikamenten wie Paracetamol, Antibiotika und blutdrucksenkenden Mitteln finden. Welche Auswirkungen das auf die DNA vieler Tierarten hat, ist nicht abzusehen. Es gibt keinen Ort mehr auf der Welt, der nicht in irgendeiner Weise durch menschliches Eingreifen in Mitleidenschaft gezogen wurde.

Die meisten Menschen merken kaum etwas davon, sie sind zu sehr mit ihren Alltagssorgen beschäftigt. Außerdem ist es uns oft unmöglich, eine Verschlechterung festzustellen; schließlich kann man nicht vermissen, was man nie gekannt hat. Wir alle sind wie der Frosch im Kochtopf, der nicht merkt, wie sich das Wasser um ihn herum langsam erhitzt. In meinem Geburtsjahr hatte die Erde zweieinhalb Milliarden Einwohner; 2051, ein Jahrhundert später, werden es zehn Milliarden sein. Eine lebensbedrohliche, in der Geschichte der Erde bisher nie gekannte Bevölkerungsexplosion. Im vergangenen halben Jahrhundert hat meine Generation erlebt, wie die Biodiversität zurückging, Naturgebiete schrumpften und eine Verschmutzung und Verschwendung stattfand, die in der Menschheitsgeschichte ihresgleichen sucht. In diesem knappen halben Jahrhundert wurde die Erdoberfläche zunehmend versiegelt, mehr Wälder abgeholzt denn je, und das Aussehen des Planeten hat sich enorm verändert. Stellt man sich die Erdoberfläche als ein riesiges Gesicht vor, dann ist dieses Gesicht, verglichen mit den Milliarden Jahren, die der Planet alt ist, innerhalb der letzten Nanosekunde zu Stein geworden – als hätte Gaia in Medusas Augen geblickt.

Das alles setzte eine Kettenreaktion in Gang, die uns vor große Herausforderungen stellt. Die Megastädte, von Futurologen früher als glorreiche Zukunftsträume besungen, sind zu Hitze-Inseln geworden. Wir haben inzwischen erkannt, dass wir diese physischen Reaktionen zu sehr unterschätzt haben und dass die Phänomene nicht linear zunehmen werden, sondern exponenziell. Die Studie *Grenzen des Wachstums,* die 1972 vom Club of Rome in Auftrag gegeben wurde, formuliert bereits eine klare Warnung vor den Denkfehlern, die wir zu machen im Begriff waren: Die Autoren forderten dazu auf, sich die Zeichnung eines Teichs vorzustellen, auf dessen Wasseroberfläche eine Seerose wächst. Wenn diese Pflanze täglich ihre Ausdehnung verdoppelt und nach 14 Tagen die Hälfte des Teichs mit ihr bedeckt ist, wie lange dauert es dann, bis der Teich ganz zugewachsen ist? Die meisten Menschen sind der Ansicht: so lange, wie es gedauert hat, bis die erste Hälfte bedeckt war. Die Wahrheit lautet: Es bleibt nur noch ein einziger Tag. Deutlicher kann eine Warnung vor den exponenziell zunehmenden Klimakatastrophen nicht sein; doch man hat es als Schwarzmalerei abgetan.

Biologen sind überzeugt, dass sich mit dem neuen, für den privilegierten Teil der Menschheit kaum wahrnehmbaren Massenaussterben eine Katastrophe für die Nahrungskette anbahnt, deren Folgen für unsere eigene Biosphäre unabsehbar sind. Für ärmere Bevölkerungen des globalen Südens ist die Lage bereits jetzt schon dramatisch. Die amerikanische Autorin Elisabeth Kolbert vergleicht in ihrem mit dem Pulitzerpreis ausgezeichneten Werk *Das sechste Sterben. Wie der Mensch Naturgeschichte schreibt* das vom Menschen verursachte Artensterben mit dem globalen Massenaussterben nach dem Meteoriteneinschlag vor 66 Millionen Jahren. Dass ein nichtiges Wesen wie der Mensch so etwas zustande bringt, hängt mit dem Verhältnis von Ursache und Wirkung innerhalb einer geschlossenen Biosphäre zusammen: Die Entwicklung einer so unsichtbaren Kleinigkeit wie der Gehirnrinde beim *homo sapiens* führte dazu, dass der Mensch zu zielgerichteten Handlungen in der Lage war, die bis vor Kurzem die Grundlage dessen bildeten, was wir Fortschritt nannten. Doch inzwischen sind die ökologischen Bedenken gegen ein ungetrübtes Fortschrittsdenken so groß, dass wir Personen, die sich weiterhin zum alten Modell des unbegrenzten Wachstums bekennen, im Denken rasch für rückschrittlich halten. Jeder kennt den berühmten Schmetterlingseffekt, wonach ein Schmetterling mit einem einzigen Schlag seiner Flügel auf einem anderen Kontinent einen Orkan hervorrufen kann, weil alles mit allem zusammenhängt. Doch dieser fatale Flügelschlag scheint im Kopf des Menschen stattgefunden zu haben: in Form der evolutionären Entwicklung der Gehirnrinde. Eine bestimmte Tatsache, die sich schon seit einigen Jahrzehnten nicht leugnen lässt, schockiert den Menschen besonders: dass die bisher uneingeschränkt bejubelte Evolution – vom britischen Neurologen Oliver Sacks 1993 in einem Interview mit dem Filmemacher Wim Kayzer treffend als *A glorious accident* (Ein herrlicher Unfall) bezeichnet – zu einem Zweck- und Technologiedenken geführt hat, dessen Auswirkungen wir nicht mehr kontrollieren können, egal, ob einige enthusiastische Jünger weiterhin dem Fortschrittsglauben anhängen und ein Wachstum der Biosphäre und anderer Lebensformen propagieren oder nicht. Der absolute Tiefpunkt solcher Engstirnigkeit sind die kindischen Utopien über die Kolonisierung anderer Planeten. Schon der französische Philosoph Bruno Latour hielt in seinem Buch *Das terrestrische Manifest* das Festhalten an der Raumfahrt und den Fantasien über einen Planeten B für Paradebeispiele eines kolonialistischen Denkens, wie es im 19. Jahrhundert üblich war: Man verbraucht sämtliche Ressourcen, hinterlässt Ruinen und zieht einfach weiter. Aber dieses nomadische Ausbeutungsmodell funktioniert nicht mehr; der Mensch muss erkennen, dass er planetarisch gesehen zur Sesshaftigkeit verdammt ist. Das Fortschrittsdenken zu kritisieren heißt nicht, die Hoffnung auf Emanzipation aufzugeben. Nur sieht diese heute ganz anders aus als zur Blütezeit des modernistischen Rationalismus.

Damit gerät jedoch die Vorstellung einer zweckgerichteten Rationalität ebenfalls unter Verdacht. Auch in dieser Hinsicht wird inzwischen vieles infrage gestellt, und man diskutiert grundlegend darüber, wie wir am besten über unser Denken nachdenken sollten. Was wir heute das Anthropozän nennen – das Zeitalter des wachsenden Einflusses der Menschheit auf die Erde –, ist im Grunde nur ein Euphemismus dafür, dass ein Leben mit Biosphären, wie wir sie bisher kennen, auf dem Planeten nicht mehr möglich ist. Unser neuer Modus Vivendi gründet deshalb nicht mehr auf Verwurzelung, Tradition und Überfluss, sondern auf Entwurzelung, Anpassung und Knappheit. Das heißt auch, dass wir lernen müssen, in instabilen, sich ständig verändernden und dauerhaft prekären Gleichgewichten zu leben.

Das hat tiefgreifende Folgen selbst für die allerkleinsten Themen und Probleme, die unser Denken und unsere Diskussionen beherrschen. Unser Dasein ist kein stabiler Zustand mehr, sondern eine ununterbrochene Aggregation; aber das ist nicht alles: Wir müssen lernen, von Formulierungen wie »unsere Umwelt« abzusehen, denn dabei stellen wir uns weiterhin ganz naiv ins Zentrum von allem, und genau das ist der Hauptgrund für die Zerstörung des Planeten. Diese massiven Verschiebungen finden in einer Zeit statt, in der wir mithilfe von virtuellen Netzwerken, Algorithmen und computergestützten Medien eine vollkommen neue Art und Weise des Sprechens und Wissens entwickeln. Was allerdings dazu führt, dass wir ein gestörtes Verhältnis zu wissenschaftlichen Methoden und Autoritäten entwickeln. Nicht nur räumlich werden uns alle Grundlagen entzogen, sondern auch intellektuell und spirituell. Als Folge davon wissen wir nicht mehr, wie wir sprechen sollen – miteinander, aber auch zu uns selbst. Im öffentlichen Raum findet immer öfter verbale Gewalt statt; die jahrhundertealten Gewissheiten des rationalen Denkens scheinen für immer verloren.

Intimität und Ausgeliefertsein

Eine drastische Veränderung in unserem Leben stellt zweifellos der Umstand dar, dass Meinungsäußerungen und spontane Auslassungen nicht länger reine Privatsache sind, sondern sich viral verbreiten können. Als der Philosoph Jürgen Habermas in den 1960er-Jahren seine *Theorie des kommunikativen Handelns* vorstellte, ging er noch von einem deutlichen Unterschied zwischen der »Außenwelt« des öffentlichen Raums und der »Innenwelt« des Individuums – des privaten Raums – aus. Habermas' Weltbild beruhte auf dem unerschütterlichen Glauben an die soziale Vernunft als eine charakteristische Errungenschaft unserer Zivilisation. Seit dem Aufkommen der sozialen Medien wurde nicht nur die Grenze zwischen Innen- und Außenwelt immer durchlässiger, sondern auch der Glaube an die weltverbessernde Kraft eines solidarischen Zusammenlebens systematisch zerstört. Die Innenwelt, die subjektive Intimität jedes Bürgers, und die Außenwelt, unsere objektive Lebenswelt, die wir in der Öffentlichkeit mit anderen teilen, vermischen sich immer mehr – wodurch beide an Bedeutung verlieren. Oft tragen die Menschen auch noch aktiv dazu bei, indem sie es für besonders mutig halten, intimste Angelegenheiten mit der Öffentlichkeit zu teilen.

Das alles hat weitreichende Folgen. Eine junge Aktivistin

formulierte es vor einiger Zeit so: »Für uns ist es ein Akt des Widerstands, die intimsten Erfahrungen öffentlich zu machen.« Meiner Meinung nach liefert man sich aber genau dadurch den Mächten der Öffentlichkeit aus und verzichtet darauf, kontrollieren zu können, was mit den eigenen, für einen Ausdruck der Emanzipation gehaltenen Intimitäten dort passiert. Was als ein Recht der Selbstbestimmung dargestellt wird, ist alles andere als das: Es ist die freiwillige Aufgabe des Rechts auf Selbstbestimmung. Man redet uns ein, dass die öffentlichen Bekenntnisse anderer uns aus unserer Isolation befreien und uns in schwierigen Situationen trösten können. Doch oft genug tritt das Gegenteil ein: Menschen, die sich den öffentlichen Medien ausgeliefert haben, leiden an Panikattacken und mentalem Stress, werden Opfer von *shaming and blaming*. Die Medien tragen daran eine Mitschuld, indem sie suggerieren, dass die Trennung von Innen- und Außenwelt nur das Erbe einer altmodischen Bourgeoisie sei, die damit ihr privates Fehlverhalten verbergen wolle. Sie duzen uns einfach, als wären wir alte Bekannte, und missachten damit die soziale Distanz, die es uns ermöglicht, die Öffentlichkeit einigermaßen objektiv zu halten. Diese soziale Distanz, die in der bürgerlichen Welt früher eine gewisse Reserviertheit und die Unterdrückung von Emotionen bewirkte, ist weitgehend verschwunden. Je näher wir Menschen uns kommen, desto mehr Adrenalin wird freigesetzt. Die Mauer zwischen der Intimität und der Öffentlichkeit ist nahezu unsichtbar geworden, weshalb wir uns an ihr ständig Schürfwunden holen.

Die Intimität ist wie die »Rose des Paracelsus« in der unvergesslichen Geschichte des argentinischen Dichters Jorge

Luis Borges in *Die Bibliothek von Babel*. Erst nachdem der nach einer besonderen Rose suchende Besucher gegangen ist, enttäuscht, weil seine Sensationslust nicht befriedigt worden war, lässt Paracelsus die Rose erneut aus der Asche erblühen. Wer seine Intimität einfach so der Öffentlichkeit preisgibt, gefährdet damit nicht selten die Gefühlsvielfalt seines Privatlebens. Wer die Diskretion nicht wahrt, unterschätzt den Wert der persönlichen Erfahrung und geht davon aus, dass das Einzigartige in seinem Leben austauschbar ist. Dabei weiß jeder, dass alle Dinge, die über längere Zeit in einem Schaufenster ausgestellt worden sind, merklich an Farbe und Glanz verlieren.

Die öffentlich gewordene Intimität setzt deshalb auch viele Bürgerinnen und Bürger einem hohen emotionalen Druck aus. Oft haben sie das Gefühl, dass sie im Konkurrenzkampf der bloßstellenden Bekenntnisse nicht mithalten können. Das dadurch entstehende emotionale Ungleichgewicht des sozialen Raums verändert das Feld der zwischenmenschlichen Beziehungen immer mehr – mit unabsehbaren Auswirkungen auf die öffentliche Meinung.

Parallel dazu hat die Werbeindustrie, die uns, der Öffentlichkeit, mit ihren sexualisierten Bildern vorgaukelt, wir befänden uns alle in derselben intimen Blase, dafür gesorgt, dass wir die psychische und körperliche Integrität eines Menschen nicht mehr ausreichend würdigen. Die daraus resultierende Pseudo-Intimität des öffentlichen Raums ist zweifellos für eine zunehmende Zahl von Angriffen auf die Menschenwürde verantwortlich, denn sie geht davon aus, dass der andere keine Geheimnisse mehr hat und sein Recht auf Integrität ihm jederzeit und mit allen Mitteln verwehrt werden kann. Die Aufhebung der Trennung zwischen unserer Innenwelt und der Öffentlichkeit beeinflusst unser Ich bis in den intimsten Winkel.

Die aktivistische Mobilisierung des intimen Lebens ist eine Bedrohung für das Intime selbst, das dadurch im Grunde doch erst verteidigt werden soll. Schließlich geht es bei der Intimität darum, vor den Blicken der anderen geschützt zu sein. Um in der Gesellschaft gefahrlos existieren zu können, braucht das Intime einen Schattenbereich. Wer der Ansicht ist, dass das intime Leben um jeden Preis dargelegt, kommentiert und bloßgestellt werden solle, damit es sich emanzipieren kann, gibt das Privatleben auf und propagiert – entgegen aller guten Absichten – eine totalitäre Öffentlichkeit, in welcher dem kontrollierenden Blick nichts mehr entgeht.

Eine vom eigenen Konsumzwang angeödete Käuferschaft schlurft samstags durch die Einkaufsstraßen, als wäre sie im eigenen Wohnzimmer, wodurch sie wenig geneigt ist, ein Verhalten zu akzeptieren, das sie im eigenen Wohnzimmer als Belästigung empfände: Der öffentliche Raum wird als Eigentum verstanden und der Kauf-Raum als Erweiterung des eigenen Wohnbereichs. Damit ist der Konsument, gemäß den berühmten Worten Walter Benjamins aus dem *Passagen-Werk*, selbst zur Handelsware geworden, um die sich doch alles dreht. Wer der Ansicht ist, der Einzelne solle sich im öffentlichen Raum so verhalten dürfen, dass er auf keine andere Person Rücksicht zu nehmen braucht, öffnet damit der Auflösung der Sozialgemeinschaft Tür und Tor. Wie spontan der neoliberale Raum sich auch zeigen mag, die Zeichen des Niedergangs der seit Langem in der Öffentlichkeit geltenden sozialen Spielregeln sind unübersehbar. Die allmähliche Nivellierung des Unterschieds zwischen dem Intimen und dem Öffentlichen, was bedeutet, dass sich das universell-spontane Wesen hemmungslos »ausleben« darf, führt zu einer wachsenden Intoleranz gegenüber der Andersartigkeit der anderen. Oder, wie eine Person kürzlich in einem Interview erklärte: Sie habe gelernt, auf der Straße niemandem Platz zu machen. Man müsse die anderen dazu bringen, zur Seite zu gehen. Nur so würde man zu einer starken Persönlichkeit. Ich persönlich neige dazu, ein solches Verhalten als Ausdruck eines irritierenden Egozentrismus oder als Mangel an Sozialkompetenz zu interpretieren. In meinen Augen wirkt das wie eine Parodie auf den sozialen Raum, wobei dieser nur noch die Arena für ein Ego ist, das sich weigert, den Unterschied zwischen dem Eigenen und dem Anderen anzuerkennen. Eine solche durch und durch abgeschottete subjektive Welt ist das Versprechen des Neoliberalismus: Es gelten nur noch die eigenen Wünsche und Bedürfnisse. Wehe, der andere will sein Auto dort parken, wo man selbst gerade parken möchte, dann bricht die Gewalt hinter der Maske der öffentlichen Intimität hervor. Im nächsten Schritt verlässt man das Haus gar nicht mehr und shoppt nur noch online, weil man die Existenz der anderen nicht mehr ertragen kann. Dann hat die universelle Intimität ihr Ziel erreicht, und der Mensch ist dort, wo er sein soll: in einer Welt ohne die anderen, in einer Welt, in der man alles kaufen kann außer dem Menschsein.

Dialektik der Aufklärung

Während der Blütezeit der Aufklärung wurden Ideologien entwickelt, die, so hoffte man, auch für Menschen gelten, die anderer Meinung sind oder späteren Generationen angehören. Ein derart weitreichendes Verständnis von Ideologie wird jedoch fragwürdig angesichts der Tatsache, dass der Anspruch einer Ideologie als ahistorische Wahrheit immer weniger mit dessen Haltbarkeitsdatum zu vereinbaren ist. Die weltweiten Katastrophen des 20. Jahrhunderts – zu einer Zeit, als die herrschenden Ideologien des Faschismus und Kommunismus noch so tun konnten, als besäßen sie historische Objektivität, womit sie gleichzeitig ihre diktatorische Herrschaftsform rechtfertigten – führten dazu, dass die heutigen Gesellschaften sich vor den Ansprüchen des politischen Denkens auf Objektivität fürchten und ideologische Verallgemeinerungen mit Skepsis betrachten.

Mit dem Niedergang des russisch-europäischen Kommunismus 1989 schien die ideologielose Freiheit über die Indoktrination zu siegen. Die Menschen konnten »einfach« tun, was sie wollten, ohne dass ein »System« sie in eine bestimmte Richtung drängte. Die freie Marktwirtschaft würde von sich aus Wohlstand und Fortschritt bringen, Reichtum und Wohlstand, die daraus resultieren, sorgten durch den *trickle-down*-Effekt automatisch für soziale Umverteilung. Die Generation, die heute *boomer* genannt wird, befand sich in einem wahren Freiheitsrausch und rekelte sich in der Illusion einer grenzenlosen Emanzipation. Mit einer gewissen Notwendigkeit entwickelte sich daraus eine neue Form der Ideologie, die der amerikanische Politologe Francis Fukuyama in seinem gleichnamigen Buch mit einer in ihrer Naivität unschlagbaren Formulierung das »Ende der Geschichte« taufte. Eine Ideologie, die geschmacklos war wie Wasser, weshalb wir in ihr ertrinken konnten, ohne die neoliberale Substanz darin wahrzunehmen. Politiker wurden angeblich nur noch ihrer »Führungsqualitäten«, ihres pragmatischen Sachverstands oder ihres Charismas wegen ins Amt gewählt, Ideologien spielten keine Rolle mehr. Als Reaktion darauf belagerten ökonomische Lobbygruppen die Hinterzimmer der politischen Entscheidungsträger und untergruben dort diplomatisch und diskret die demokratischen Verfahren. Von den *cultural studies* erfuhren wir, dass heutzutage alles intersubjektiv, relativ und kontextabhängig sei und wir nicht »verallgemeinern« sollten, überdies seien alles übergreifende Ideologien überflüssig. So weit die Ideologie, die den westlichen Freiheitsgedanken von nun an als ein neues ideologisches Dogma beherrschte.

Durch sie sahen viele in der Universalisierung und Theoriebildung, ja sogar im abstrakten Denken selbst die Ursachen für Rassismus, Kolonialismus, Sexismus und so manches Schlechte mehr. Einige Aktivistinnen und Aktivisten wiesen das theoretische politische Denken als Ausdruck männlicher Herrschaft zurück; das neue Denken sollte radikal subjektiv und erfahrungsbasiert sein. Damit erlebte der altehrwürdige Empirismus sein parodistisches Comeback als radikale Subjektivität: Meine Wahrheit ist meine Wahrheit, eine Objektivität gibt es nicht. Die *cultural studies* legten dar, was an die Stelle der Objektivität trat: die Partikularität, die kulturelle Relativität und der *human interest*, das Interesse an allzu menschlichen Themen. Während unser Denken früher von ideologischen Auseinandersetzungen beherrscht wurde, dominieren heute identitätspolitische Debatten. Diese Rundumrelativierung der universellen Wahrheit ist eine Folge des Weltenbrands im vorigen Jahrhundert und der Grund dafür, dass sich die aktivistischen Projekte von heute nicht mehr um politische Objektivität bemühen, sondern von Interessengruppen vorangetrieben werden, die ihre Meinungen vorwiegend auf die Arbeit von Expertinnen und Experten stützen, welche ausschließlich auf die fraglichen Bereiche spezialisiert sind. Fachwissen aber ist ein zweischneidiges Schwert – innerhalb einer Zielgruppe kann es als Autoritätsargument dienen, wogegen es außerhalb davon dem Zwängen der Politik ausgesetzt ist. Darin bestand die heikle Gratwanderung der westlichen Demokratien, als sie mit dem konfrontiert wurden, was sich als Lackmustest des Systems erweisen sollte: die Gewährleistung des bürgerlichen Wohlergehens während einer Pandemie. Plötzlich waren die Aussagen sowohl von Virologen als auch von Wissenschaftlerinnen und Wissenschaftlern bei den politisch-gesellschaftlichen Entscheidungsfindungen enorm relevant. Wie weit aber darf die Politik gehen, wenn sie das Wohl der Bevölkerung mithilfe von Expertinnen und Experten durchzusetzen beabsichtigt, die nicht demokratisch gewählt sind? Und ist dieses Wohl der

Bevölkerung, das Ziel eines von der Sozialen Demokratie mit uns eingegangenen moralischen Vertrags ist, überhaupt zu erzwingen? Die Frage, ob das *Recht* auf Gesundheit eine *Pflicht* zur Gesundheit impliziert, spaltet die Diskussionen über das Bevölkerungswohl und unsere Gesellschaft. Damit wurde das Pandemie-Paradox zeitweise zum Paradigma des Nachdenkens über die politische Praxis – denn die heftigen Auseinandersetzungen darüber, wie sehr die Regierung zum Schutz der öffentlichen Gesundheit unsere persönliche Freiheit einschränken darf, sind ein Vorgeschmack auf die Frage, wie viel Freiheit und Selbstbestimmung wir in Zukunft im Zusammenhang mit den Problemen des Klimawandels und der Einwanderung werden opfern müssen.

Das alles offenbart die inneren Widersprüche unseres westlichen Verständnisses von Demokratie. Durch die gnadenlose Globalisierung haben die grenzüberschreitenden Probleme zugenommen, und subjektive Erklärungen haben den schlagenden Objektivitäten des Klimawandels, den weltumspannenden Pandemien und den großen Migrationsströmen kaum noch etwas entgegenzusetzen. Das führt zu einem bösen Erwachen: Sämtliche Grundprinzipien einer wirkungsvollen Politik müssen neu justiert, erläutert und verteidigt werden.

Von der Bekehrung zur Ansteckung

Heutzutage migrieren Meinungen, Religionen und Ideologien in gleicher Weise wie Tiere und Menschen; sie umrunden einmal den ganzen Planeten und landen dann in veränderter Form wieder beim Absender. Kürzlich sprach ich mit einem jungen afrikanischen Priester, der eine kleine, ländliche Gemeinde im Süden Europas betreut und sich große Sorgen machte über die zahlreichen Kirchenaustritte jener, die er als *les blancs* bezeichnete. Er halte den Antisemitismus für einen Stammeskrieg unter Weißen, was ihn zur Überzeugung gebracht habe, dass sein von postkolonialer Gewalt zerrüttetes Herkunftsland weder die Lebenslehren noch die Ideologien der Weißen brauche. Zu hören, dass der Antisemitismus, vom Standpunkt einer *Person of Color* betrachtet, als Stammeskrieg unter Weißen verstanden werden kann, ließ mich wiederum erkennen, dass wir alle aktuellen Probleme geopolitisch vollkommen neu kalibrieren und unsere Themen, Motive und Argumente einer geistigen Migration unterziehen müssen.

Es gebe, fuhr der junge Priester fort, auch so etwas wie eine kulturelle Zoonose: Die Keime der Gewalt können von einer Kultur auf eine andere überspringen, wenn diese unbeabsichtigt miteinander in Kontakt geraten. Anstelle von Bekehrung könnte man dann von einer kulturellen Ansteckung sprechen. Weil jede Form der Ansteckung im infizierten Körper auch eine Abwehrreaktion hervorrufe, kolonisiere nun jeder jeden, ohne Aussicht auf Erlösung. Seiner Ansicht nach sei lediglich noch die katholische Kirche *katá hólon,* was übersetzt »für das Ganze« bedeutet, also eine »Einheit«. Sein Glaube sei der einzig wahre Universalismus; und die, die diesen Glauben nicht teilen, müssen aufgeklärt werden. Er verstehe durchaus einzelne Aspekte der Krise, in welcher sich die modernen Gesellschaften befänden – der Verlust an Transzendenz, die Entzauberung und der grenzenlose Individualismus –, doch seine Antwort war recht einseitig, womit er demonstrierte, wie sehr jeder Versuch einer radikalen Inklusivität wieder einen Anlass für neuerlichen Ausschluss bildet. Seine düstere Heilslehre schien mir besonders gut zu den Unheilspropheten zu passen, die vor einem Jahrhundert den Untergang des Abendlandes besangen.

Ich antwortete ihm, dass es im Moment ein ganz anderes *»katá hólon«* gebe. Eines, das allen Erdbewohnern durch das drohende Massenaussterben und durch die Krise des gesamten Planeten gemeinsam sei: die Zerstörung unserer zauberhaften blauen Kugel, einst Traum der griechischen Naturphilosophen, des alten *sphairos* – jener blauen Kugel, deren Anblick 1968 dem Astronauten Bill Anders den Atem verschlug, als er sie als erster Mensch aus dem Weltraum betrachten durfte. Damit begann jenes Zeitalter, das alle Generationen vor ihm für undenkbar hielten: das Zeitalter, in dem wir unsere bisher als grenzenlos gedachte Welt in Gestalt einer wunderschönen, aber ebenso verletzlichen Seifenblase von außen betrachten können, geschaffen von einem unvorstellbaren Gott. Am 14. Februar 1990 schoss die Raumsonde *Voyager 1* aus einem Abstand von 6 Milliarden Kilometern ein Foto unseres Planetensystems; verschwommen, kaum ein Pixel groß, schimmerte irgendwo eine blasse, winzige Kugel. In seinem unvergesslichen Buch *Blauer Punkt im All* brachte der Astronom Carl Sagan sein Erstaunen über die Tatsache zum Ausdruck, dass sich auf der Erde all das ereignet haben soll, was wir kennen und erfahren haben: das Aufkommen des *homo sapiens,* überwältigende Naturereignisse, Gräueltaten der Stammeskriege und Eroberungen, der Fall Trojas, Platon und Aristoteles, Augustinus und Mohammed, Dante, Petrarca und Bach, zahllose Tragödien shakespeareschen Ausmaßes, Krieg, Gewalt, kulturelle Höchstleistungen, Liebe und Leidenschaft, Hungersnöte, die Entwicklung von Technik und Wissenschaft, Aufstieg und Untergang der Zivilisationen, und das alles auf diesem Lichtpünktchen – unsere kleine, relative Ewigkeit spielte sich ab auf »einer sehr kleinen Bühne in einer riesigen kosmischen Arena«, wie Sagan es bei einem 1994 an der Cornell University gehaltenen Vortrag umschrieb.

Das anfängliche Staunen der griechischen Naturphilosophen fand sein Echo in den Worten des modernen Astronomen. Aus diesem Staunen ist heute der rasende Irrsinn unserer heutigen Zeit geworden, in dem Satellitenschwärme mit *bits & bytes* unsere intimen Gespräche in die Unendlichkeit hinausschicken und manche laut von einem Krieg im All träumen. Die Gespräche der alten Götter sind verstummt; die neuen aber, die uns jetzt ihre Orakel entgegenschreien, verkünden nichts Gutes. Und wenn wir dem afrikanischen, sich über den geistigen Zustand der Weißen sorgenden Priester Glauben schenken und *religio* tatsächlich auf ein Sich-miteinander-Verbinden verweist (*re-ligare* heißt so viel wie: erneut mit Ligamenten versehen, mit Verbindungen), dann wird die planetarische Krise die neue Ökumene sein.

Wie (nicht) sprechen

Wie sollen wir sprechen über das, was uns beherrscht, was wir aber niemals beherrschen können? Mit dieser Frage beschäftigen sich Philosophen und Schriftsteller schon seit Jahrhunderten: Welche Position soll man einnehmen, wenn man in der Öffentlichkeit das Wort ergreift? Platon bringt Sokrates ins Spiel und will damit den Eindruck erwecken, als sei das von ihm beanspruchte Recht, uns eine Lektion erteilen zu dürfen, unmittelbar vom freien Sprechen auf dem Marktplatz abzuleiten, wo Meinungen sich durch Worte und Widerworte bilden. Die sokratischen Dialoge sind wie Theaterstücke, mit deren Hilfe Platon den Eindruck erwecken will, seine Standpunkte ergäben sich nicht aus einer Autorität, sondern aus dem Gespräch. Bei der Beschreibung seines utopischen Staates greift er jedoch auf Formen des apodiktischen Denkens zurück und wird dabei seinem suchenden, ironischen Sprechen, aus dem sich sein Denken entwickelt hat, untreu. Platons *Politeia* beweist, wie leicht wir beim Entwickeln einer Ideologie Gefahr laufen, in Letztbegründungen zu verfallen – eine Form des Sprechens, die so tut, als entspränge sie unmittelbar der Quelle der Wahrheit. Im öffentlichen Raum aber ist jeder Anspruch, objektiv zu sein, Ausdruck eines Machtdenkens.

Als der französische Philosoph Michel Foucault im Dezember 1970 am Collège de France seine Antrittsvorlesung
mit dem Titel *Die Ordnung des Diskurses* hielt, wies er darauf hin, dass man niemals anfangen könne zu sprechen,
weil man nicht sprechen könne, als wäre man der Erste oder
als spräche man ein ursprüngliches Wort als Erster aus. Jeder, der das Wort ergreife, befinde sich automatisch in einer
Reihe von Gedanken und Argumenten, die dem eigenen
Sprechen vorausgehen. Ein anderer französischer Philosoph, der die Bedingungen von Sprache und Welt tiefer ge-
hend erforscht hat, Jacques Derrida, war unterwegs zu einem Kongress in Jerusalem, als ihm klar wurde, wie heikel
es war, gerade an diesem Ort über Fragen des Glaubens zu
sprechen. Daraufhin verfasste er den eindringlichen Text
Wie nicht sprechen, bei dem bereits die Interpretation des
Titels eine Menge Fragen aufwirft. Man könnte ihn verstehen als: Wie soll man *nicht* sprechen? Oder: Wie soll man
den Mund halten, wo einem doch nur das Reden bleibt?
Oder auch: Was sollte man vor allem *nicht* sagen, wie kann
man es vermeiden, das Falsche zu sagen? Das klingt nach
dem Hinauszögern dessen, was der Mensch so liebt: Nägel
mit Köpfen zu machen. Derrida bezieht sich aber auf eines
der ältesten Verfahren der Erkenntnistheorie, nämlich auf
die »Negative Theologie«: Sie ergibt sich aus dem Wissen,
dass man das Wesen Gottes – also im Sinne einer endgültig
bestimmenden Beschreibung – mithilfe von Sprache niemals vollkommen zu fassen vermag. Mit jeder positiven Beschreibung täte man ihm unrecht, weil man dadurch zu
konkret würde und mögliche Alternativen ausschlösse.

Solch besonnenes, vorsichtiges Sprechen ist in den letzten Jahrzehnten ungebräuchlich geworden. Unsichere Zeiten rufen den Wunsch nach Gewissheiten hervor. In psychologischer Hinsicht ist ein lautstarkes Selbstbewusstsein oft Merkmal einer verdrängten Unsicherheit. In einem gefährdeten Biotop haben es kritische Fragen schwer. Auch die Frage nach der Wahrheit ist vom Kontext abhängig, in dem sie gestellt wird; es gibt so etwas wie eine kulturelle Anfälligkeit des Fragemodus. Philosophen unterschiedlichster Couleur haben im letzten Jahrhundert vor dem möglichen Missbrauch des Wahrheitsanspruchs gewarnt, vor der düsteren Verquickung zwischen Wahrheit und Machtmechanismen und der möglichen Unterdrückung kritischer Geister. Ungeachtet dessen sind wir wie Lemminge blind in die falsche Richtung gelaufen – mit dem bekannten Ergebnis: Diktatoren, Spindoctors, blinde Propheten und Propagandisten zogen die Debatte mehr und mehr an sich und setzten auf Polarisierung, Dogmatismus und Manipulation. Es trifft nicht zu – was so viele Journalistinnen und Journalisten voneinander abschreiben –, dass die viel geschmähte Philosophie des Dekonstruktivismus den *fake truth* geschaffen habe, im Gegenteil: Die Dekonstruktion warnt immer wieder vor dem Missbrauch der »objektiven« Wahrheit, der wie ein Krebsgeschwür die heiligen Zentren der Macht zerfrisst.

Wie eng Wissen und Macht miteinander verknüpft sind, wissen wir spätestens seit Foucault, doch in unserer Zeit erweist sich Wissen oft als ungreifbar und machtlos angesichts all des in griffige Slogans verpackten Unsinns. Was die oben erwähnten drei großen Themen betrifft – den Klimawandel, die Globalisierung und die Migration –, so sind diese fast nur zu verstehen, wenn man Spezialliteratur zurate zieht. Das erfordert Zeit und sogar eingehende wissenschaftliche Beschäftigung – Zeit, die wir oft nicht haben, was dazu führt, dass sich Pseudo-Theorien und die blödsinnigsten Behauptungen in Windeseile über den ganzen Planeten verbreiten. Das Wissen als Instrument der Wahrheitsfindung ist bedroht – wertvolles Wissen ist machtlos geworden. Informationen werden von Meinungen verdrängt und deshalb auch immer öfter mit ihnen verwechselt und vermischt – eine Tendenz, die sich inzwischen sogar im seriösen Journalismus findet. Weil viele Menschen Meinungsbildung mit Informationsbeschaffung verwechseln, wird die Meinung selbst zum Nachrichtenwert: Ein auf den ersten Blick demokratischer Vorgang, doch er verdeckt die Sicht auf das, was bei den Ereignissen wirklich von Belang ist. Und so untergräbt ausgerechnet das, was eine Voraussetzung von Demokratie sein soll – Meinungsbildung –, die Widerstandsfähigkeit demokratischer Kritik. Wenn Slogans und Verschwörungstheorien global ihren Siegeszug antreten, hat das »wahre Geschehen« meist das Nachsehen, denn es setzt sich aus Nuancen, Informationen und kritischem Nachdenken zusammen. Die Inflation der Wörter bedroht die Bedeutung der Wörter – ähnlich, wie wenn Algen in Form einer Algenschwemme ihr eigenes Biotop ersticken, von dem sie leben. Jeder, der in einer solch toxischen Sphäre vorsichtig und differenziert zum Sprechen ansetzt, wird von den Tatkräftigen unter uns schnell für einen wichtigtuerischen Zauderer gehalten. Vergeblich versuchte der alte Sokrates, mit vorsichtiger Ironie seine Gesprächspartner dazu zu bringen, über die Gründe ihres Handelns nachzudenken: Noch heute will die Welt zuerst Taten sehen und danach die notwendigen Fragen stellen. Doch dann ist es dafür zu spät.

Poetische Politik

Es gibt kaum etwas Schwierigeres, als das zu wahren, was Friedrich Hölderlin »das Offene« nannte. Damit meint er eine Haltung zum Leben, in welcher ein fragendes Denken und ein kritischer Sinn sich die Waage halten, wenn der Mensch, wie Hölderlin fordert, poetisch lebe und dadurch seine Verbundenheit mit den Lebensbedingungen der Erde vor der Entfremdung und Tyrannei der menschlichen Welt schütze. Das war natürlich ziemlich romantisch und utopisch gedacht; und als Heidegger diese poetische Philosophie beherzt in eine politische Praxis übersetzen wollte, beging er seinen größten, fatalen Irrtum und rannte blind in die Falle des Nationalsozialismus. Das lag nicht an dem historischen Kontext, in dem Hölderlin seine Zeilen geschrieben hatte, sondern an Heideggers Fehlinterpretation vom »antiken Sein« des Volkes im Sinne des Nationalsozialismus.

Trotzdem muss das poetische Leben dem politischen Leben nicht zwangsläufig diametral gegenüberstehen, im Gegenteil: Es gibt eine Form der poetischen Politik, die ein nahezu revolutionäres Potenzial besitzt – das konnten wir beobachten, als ein schmächtiges Mädchen mit einem unbeholfen bekritzelten Schild sich vor das schwedische Parlament setzte und damit eine globale Bewegung auslöste. Mit poetischer Politik meine ich ein Denken, das nicht auf den technischen Bedingungen unserer Menschenwelt beruht, sondern auf einem Leben, das im Modus des Fragens stattfindet – etwa ein Leben im Einklang mit den ökologischen Bedingungen, die die Erde uns bietet. Etwas davon ahnte Heidegger bereits, als er das Leben in einer abgelegenen Hütte im Schwarzwald dem Leben als Universitätsprofessor in Berlin vorzog. Lange verspottete die moderne Philosophie diese Entscheidung und sah in ihr den Beweis für Heideggers Provinzialismus. Nun aber erscheint sie im Licht einer sich verändernden Welt: Sie kann ökologisch gedeutet werden und weist uns darauf hin, wie wir den Bedingungen des Lebens auf diesem bedrohten Planeten näher sein können. Heideggers Ausrichtung auf die ländliche Lebensweise war eine Folge seiner Ansichten über das menschliche Leben auf der Erde. Was die Ökologie betrifft, so gewinnen die Aussagen der vorsokratischen Philosophen, auf die Heidegger sich berief, immer mehr an Gewicht. Die antiken Denker hielten das irdische Leben für ein Kontinuum, forderten, Tiere wie unsereins zu behandeln, und riefen dazu auf, das ganze natürliche Leben in einem großen, vitalen Zusammenhang zu betrachten.

Unvergesslich sind Heideggers Gedanken aus einem Artikel über Bauen, Wohnen und Denken: Auf der Erde zu wohnen bedeutet, dem »Geschonten« nichts anzutun – das heißt: Was wir aufgebaut haben, um auf diesem Planeten zu wohnen, muss vor dem Verfall bewahrt werden. Zu diesem Zweck sollten wir alles seinen natürlichen Lauf gehen lassen: »Die Sterblichen wohnen, insofern sie die Erde retten.« Mit anderen Worten: Heidegger will uns damit sagen – *nota bene,* wir schreiben das Jahr 1951 –, dass auf der Erde zu wohnen bedeutet, die Naturgesetze zu respektieren, also auch: die »Erde« nicht mit der »Welt« gleichzusetzen. Dieser Aufruf hat etwas Beeindruckendes, aber ihm wurde lange Zeit keine Aufmerksamkeit geschenkt. Nun klingt er wie die Hauptmaxime der heutigen ökologischen Bewegung. Mit der lautstarken Forderung der jungen Generationen nach einer lebbaren Zukunft taucht diese poetische Politik immer öfter auf unseren Straßen auf. Dem heutigen Klima-Aktivismus ist viel von dieser positiven poetischen Politik eigen; er teilt die Ansichten der alten Naturphilosophen und Einsiedler, die den Menschen vor dem Hochmut der technischen Beherrschung warnten. Mit diesem öffentlichen Appell begibt sich die Bewegung allerdings auf das Terrain intersubjektiver Erfahrungen, also dahin, wo die großen Konflikte unserer Zeit entstehen. Es stellt sich die Frage, ob alle Individuen die Krise auf die gleiche Weise empfinden, schließlich erfahren die wenigsten diese unmittelbar und am eigenen Körper, sondern, ähnlich wie bei einer Religion, die sich neu bildet, nur indirekt vom Hörensagen.

Rationalistische Ideologen misstrauten der ökologischen Politik schon immer, wobei hier frühere Intuitionen über das Verhältnis von Mensch und Erde eine Rolle spielen. Zuweilen sind die Meinungsverschiedenheiten aber auch so emotional, dass die Argumente nur noch bedingt nachvollziehbar sind. Dass der Gegensatz zwischen Technik und Ökologie nur ein scheinbarer ist, ahnen allmählich auch die politischen Entscheidungsträger: Die Technik muss ebenfalls einer mit der Erde verbundenen Poetisierung unterzogen werden. Allerdings wehren sich die reaktionären Kräfte effektiv und schnell, in Form von geheimer Lobbyarbeit multinationaler Konzerne, manipulierter wissenschaftlicher Studien und politischem Druck, der mitunter auch vor finanzieller Erpressung nicht zurückschreckt. Die technokratische Politik und die ökonomische Dogmatik reagieren weiterhin allergisch auf kritische Fragen aus der ökologischen Ecke, obwohl sie selbst von der Spekulation und der Unberechenbarkeit bestimmt werden.

Wenn wir in Zeiten von ökologischer Krise, Pandemie und Migration eine neue, menschliche Situation schaffen wollen, sollten wir den altbekannten Blick in den Spiegel wagen und uns den Ausspruch in Erinnerung rufen, der auf Sanskrit lautet: *tat twam asi*. Das bist du. Wer glaubst du in den Augen der Lebewesen zu sein, die nicht so sind wie du? Und wie kommst du auf die überhebliche Idee, dir anzumaßen, für diese anderen Lebewesen sprechen zu dürfen? Dabei ist nicht nur wichtig, besser sprechen zu lernen, sondern auch zu wissen, wie man *nicht* sprechen sollte. Der italienische Philosoph Giorgio Agamben setzte eindeutig technischen Definitionen von Zivilisation folgende alte Weisheit entgegen: »Büffel und Pferde haben vier Beine: Das nenne ich Himmel. Den Pferden das Halfter anlegen, den Büffeln die Nasenlöcher durchbohren: Das nenne ich menschlich.« Vielleicht könnte diese alte Fabel der Ausgangspunkt sein für die poetische Politik eines Denkens, das wieder mit der Erde verbunden ist.

Himmelshaken und irdische Kräne

Da die Wahrheit immer schwieriger auffindbar ist, je mehr Informationen zur Verfügung stehen, können wir in Zeiten des Internets ohne Umschweife vom Paradox der Wissensbildung sprechen. In den frühen Jahren des Internets herrschte der utopische Glaube, die Verfügbarkeit von Wissen werde die Menschheit von der Unwissenheit erlösen – ausgehend von Kants Hoffnung auf die Aufklärung des Individuums mithilfe selbstständigen Denkens. Für weite Teile der Menschheit trifft jedoch das Gegenteil zu: Je mehr Informationen verfügbar sind, desto leichter wird es zu irren. Die meisten von uns verstehen unter Wissen, »möglichst viel zu wissen«. Und so gilt im Fernsehquiz derjenige als außerordentlich klug, der besonders viel sinnloses Wissen von sich geben kann. Selten aber geht es darum, was Wissen eigentlich heißt. Wie soll unsere Urteilskraft mit den Unmengen an Daten und Fakten umgehen, mit denen sie konfrontiert ist? Ähnlich unscharf wird zwischen dem unterschieden, was wir klug nennen, und dem, was als vernünftig gilt. Ein Politiker mit einem hohen IQ ist nicht notwendigerweise ein Politiker, der vernünftig handelt. Wissen entspricht nicht der Menge der vorhandenen Informationen, sondern der Fähigkeit, Wichtiges von Unwichtigem zu trennen, dem Vermögen, Wissen zu ordnen, und der Kunst, das Denken nicht losgelöst von der Erfahrung zu betrachten. Wissen ist nicht, *was* man weiß, sondern *wie* man weiß. Wissen entsteht nicht durch Quantität, sondern durch Struktur, nicht durch Geschwindigkeit, sondern durch Erkenntnis. Das Internet ist dabei nur von Nutzen, wenn man weiß, wie man Suchbegriffe einsetzt. Als am Ende der Neunzigerjahre des vorigen Jahrhunderts die ersten Suchmaschinen aufkamen und ich meinen Studierenden während eines Seminars erklärte, wie sie diese benutzen konnten, trat in der nächsten Stunde ein Studierender auf mich zu und berichtete stolz, dass er Altavista auf seinem Computer installiert habe. Dann fragte er mich, mit einer Arglosigkeit, die mir heute als prophetisch erscheint, wonach er denn nun eigentlich suchen solle.

Nicht zufällig gab es in den Anfängen der Popularisierung des Internets eine spannende, längst vergessene Diskussion. Als sich die Länder des romanischen Sprachgebiets entscheiden mussten, wie der Computer in ihrer Sprache zu benennen sei, wiesen einige die Bezeichnung Computer zurück. Sie störten sich am Aspekt des Zählens, den das Wort beinhaltet, da dadurch suggeriert werde, dass Wissen eine Frage des Zählens sei – *to compute,* aufzählen, ausrechnen. Wissen sei also mit Messen gleichzusetzen. Der Gegenvorschlag lautete *ordenador* bzw. *ordinateur:* die Maschine, die ordnet. Man machte somit einen Unterschied zwischen einer Maschine, die ordnet, und einer Maschine, die zählt, denn man vertrat die Ansicht, dass die binäre 0–1-Struktur nicht zum Zählen erschaffen wurde, sondern zum Ordnen. Dennoch hat das Zählen über das Ordnen gesiegt: Der Algorithmus folgt zwar einer Ordnung, aber der Ordnung der größten Anzahl der Klicks. Wer nicht gelernt hat zu ordnen, verirrt sich in den Gesetzmäßigkeiten der Zahlen.

Aus diesem Grund ist die Behauptung, Wissen sei im Internet allgemein verfügbar, eine Illusion. Die Menschen verlieren sich im Netz, weil sie dem Gesetz des *compute* ausgeliefert sind, ohne eine Ordnung finden zu können. Sie ertrinken in einer Flut aus Informationen. Das erinnert mich an einen Witz meines Vaters, der nicht schwimmen konnte: Auf seinen Wunsch hin, schwimmen zu lernen, erwiderte seine Mutter, das dürfe er erst, wenn er sich über Wasser halten könne, er könnte sonst ertrinken. Wer zum ersten Mal in seinem Leben eine Buchhandlung betritt, weiß nicht, hinter welchem Buchrücken sich ein Meisterwerk und hinter welchem sich schlechte Literatur verbirgt. Man muss erst sehr viel Zeit mit Lesen verbracht haben, ehe man nach Geschmack und Stil zu ordnen weiß. Der Lesewillige steht der Bücherflut in den Regalen hilflos gegenüber; was zunächst offen und zugänglich erscheint, ist es in Wirklichkeit gar nicht. Der Zugang zur Kultur wird durch die Fähigkeit bestimmt, lesen und schreiben zu können, aber auch durch die Fähigkeit, kritisch lesen zu können. Elitär ist nicht das Wissen selbst, elitär ist es zu glauben, dass Wissen für alle einfach so ohne Anleitung zugänglich wäre – es ist eine Form von *fake democracy*.

Wenn Informationen konturenlos und ständig verfügbar sind, schwindet auch der Glaube an die Autorität des Informanten. Das ist ein bedauerliches Paradox, das durch das Internet erdrückende Ausmaße angenommen hat. Der Wandel in der Art der Wissensvermittlung – von der altmodischen *Encyclopædia Britannica* zu den klickorientierten

Gewässern des Internets – hat zu einem auffälligen Rückschritt in der Methode unserer Wissensaneignung geführt. Nachdem Kant uns erst vor wenigen Jahrhunderten dazu aufgefordert hat, uns unseres eigenen Verstandes zu bedienen und dem Aberglauben und dem Widersinn abzuschwören, tappen viele in die Falle der *fake news,* was daran liegt, dass das Wissen nach dem Maß des größten gemeinsamen Nenners geordnet ist. Der kulturgeschichtliche Verfall unseres Vermögens, unterscheiden zu können, führt dazu, dass die Menschen ihr Wissen heute wieder an Gedanken und Instanzen festmachen, die sich einer Kontrolle entziehen, wodurch sie in einer neuen, magischen Welt landen, die, wie Daniel Dennett Ende des vorigen Jahrhunderts in seinem Buch *Darwins gefährliches Erbe. Die Evolution und der Sinn des Lebens* treffend sagte, aus lauter »Himmelshaken« bestehe: aus Ideen, die keinen anderen »Aufhänger« haben als eine eingebildete höhere Instanz. Wo der Glaube sich durch die Hintertür davonmacht, marschiert der Aberglaube durch die Vordertür herein. Obwohl die Wissenschaft uns die Notwendigkeit von gewissenhaftem Überprüfen, stringenter Beweisführung und logischer Argumentation beigebracht hat, wenden sich viele im »aufgeklärten« Westen wieder Formen des Aberglaubens zu, die es ihnen ermöglichen, die aktuellen Probleme zu leugnen und für Verschwörungen zu halten: So wird zum Beispiel Bill Gates verdächtigt, uns Geheimwaffen in die Adern zu pumpen, und die »Eliten« werden allesamt zu Pädophilen gemacht, während die Corona-Pandemie ein Komplott dunkler Geheimmächte ist, der Klimawandel eine okkulte Invasion von Außerirdischen usw. Wir haben der Globalisierung nicht nur Fortschritte im Denken zu verdanken, sondern auch Rückschritte; die Evolution des Bewusstseins besteht nicht, wie Hegel noch glaubte, in der unaufhaltsamen Zunahme von Wissen und Erkenntnis.

Aber auch der empfindsame Klimaadept, der ohne metaphorischen Hintergedanken behauptet, dass der Planet uns mit einer Pandemie »bestraft« oder die Natur die »Nase voll von uns hat«, tut nichts anderes, als Himmelshaken ins Leere zu hängen. Der Planet ist keine Person, er »leidet« nicht, er »schlägt nicht zurück«, er »warnt uns nicht«, sondern im planetarischen System laufen physikalische Prozesse ab, die die Wissenschaft schon vor langer Zeit genauestens prophezeit hat und die unter anderem ein Ergebnis menschlichen Handelns sind.

Allerdings hat die Vermenschlichung nicht menschlicher Prozesse auch einen positiven Aspekt: Sie zeugt von unserem einstigen Band mit der Erde, von unseren Schöpfungsmythen und der kultischen Beziehung, die der Mensch früher einmal zu seiner Umwelt besessen hat. Animismus und Ethno-Nostalgie haben neue Anhänger gefunden. Menschen wenden sich den alten Steinen früherer Kulturen zu – Stonehenge, der Osterinsel – in der Hoffnung, dort die verborgene Weisheit zu finden, die mystische Aufgeklärtheit verspricht. Aber es ist bewiesen, dass ausgerechnet die uralten Statuen der Osterinsel tragische Zeugen einer Zivilisation sind, die unterging, weil hier ein Biotop rücksichtslos ausgebeutet wurde – bis zum Kampf um die letzten Ressourcen und schließlich um das pure Überleben. Jedes Mal, wenn Bevölkerungen durch die Abholzung der Wälder und die Ausrottung von Tierarten ihre natürlichen Ressourcen aufgebraucht hatten, waren Konflikte, Bürgerkriege und Massensterben die Folge. Und dann war es vorbei mit der Romantik einer ursprünglichen harmonischen Welt. Sollten wir tatsächlich eine animistische Verbindung zur Erde besitzen, dann müsste sich diese nicht auf eine romantisierte Vergangenheit richten, sondern auf unsere konkrete Zukunft: Wir müssen lernen, die Erde als einen komplexen evolutionären Organismus zu betrachten, der äußerst empfindlich auf unser menschliches Handeln reagiert.

Der Verlauf der Klimakrise ist dann auch prosaischer und gesetzmäßiger, als so mancher Internet-Guru uns weismachen möchte. Sie offenbart das widersprüchliche Verhältnis zwischen der Welt, die vorgibt, auf dem zählbaren Wissen des Computers zu beruhen, und der alten, mystischen Weltordnung, die wir für rein und unverfälscht halten. Mit anderen Worten: Die Zahlen konnten uns vor dem Gespenst der Algorithmen nicht bewahren, in den alten anthropologischen Geschichten dagegen findet sich bereits das Unheil, das uns heute heimsucht. Übertriebener Holismus, politisch inspirierte Paranoia und semireligiöse Untergangsgeschichten können die dringend erforderliche ökologische Richtungsänderung hinauszögern. Doch die mythischen Geschichten allein werden uns genauso wenig vor einer ökologischen Katastrophe bewahren wie der rein technische Rationalismus. Vielmehr müssen wir uns auf die Suche nach einer »neuen Grammatik« machen, nach einer neuen Art der Weltordnung, in der unsere alten kulturellen Intuitionen und unsere jüngst erworbenen wissenschaftlichen Errungenschaften aufeinander abgestimmt werden. Genau das geschah während der Corona-Pandemie: Während Wissenschaftler versuchten, das umzusetzen, was Dennett das Modell des Hebekrans bezeichnet – sich Schritt für Schritt auf neue, fundierte Erkenntnisebenen zu heben –, gingen viele Internetbenutzer dazu über, Verschwörungstheorien an himmelhohe Haken in den luftleeren Raum zu hängen. Falls das Zusammenleben im Zeitalter des Computers und der planetarischen Vorherrschaft der Technik tatsächlich dadurch bestimmt werden sollte, wie wir das Wissen ordnen, dann stehen die Zeichen für das, was Immanuel Kant einmal die Aufklärung durch die Kraft des selbstständigen Denkens nannte, denkbar schlecht.

Intimer Universalismus

Angesichts der medialen Stürme, die ständig Emotionen aufwirbeln und in deren Mittelpunkt Personen des öffentlichen Lebens, Film- und Rockstars und Influencer aus den sozialen Medien stehen, kann man über die Hypes, Hysterien und Plattheiten einer Kultur, die sich an billigen Gefühlen, Effekthascherei und flüchtigen Impulsen orientiert, nur den Kopf schütteln. Wer sich allerdings den Mechanismen dahinter zuwendet, stellt schnell fest, dass hier komplexe soziologische Verschiebungen stattfinden. Die Popkultur ist in ihren Auswirkungen ambivalent: einerseits vermag sie emanzipatorische Kräfte zu mobilisieren, andererseits bestätigt sie immer wieder Rollenbilder und antiemanzipatorische Klischees. Darüber hinaus ist sie aufgrund ihres massenmedialen Charakters und ihres manipulativen Showpotenzials dem Wesen nach eher autoritär, selbst da, wo sie vorgibt, genau das zu bekämpfen.

Als der belgisch-ruandische Sänger Stromae in einer Nachrichtensendung des französischen Staatsfernsehens TF1 seinen Song über Burn-out und Depression vorstellte, offenbarte er sich als Anhänger einer neuen Ordnung, in der das Allerintimste zu wichtigen internationalen News erhoben wird. Keine zwölf Stunden nach der Ausstrahlung brachte CNN bereits einen Ausschnitt der Sendung. Der trendbewusste und intelligente Sänger setzte damit ein aktivistisches Zeichen: Für viele Menschen, die Probleme mit ihrem Selbstbild haben, war die Botschaft des Songs, dass sie »nicht allein sind«, ein Befreiungsschlag. Innerhalb eines Tages wurde aus einem intimen Geständnis ein Weltkulturerbe. Der entwaffnende Blick Stromaes direkt in die Kamera und die bis ins Detail technisch perfekt arrangierte »Spontaneität des Augenblicks« offenbarten das Wesen der Medien: So funktioniert Spontaneität in einer globalen Kultur der ununterbrochenen Selbstinszenierung. Das erinnerte mich an die unvergesslichen Worte aus Guy Debords *Die Gesellschaft des Spektakels* aus dem Jahr 1957: dass »die Ware sich selbst in einer von ihr geschaffenen Welt anschaut«.

Man kann nicht abstreiten, dass Stromaes intimes Geständnis einen gewissen Heilungseffekt auf Menschen hat. Aber auch das Gegenteil ist der Fall: Junge Leute projizieren ihre Frustrationen auf diesen heroischen Medien-Augenblick. Sie bewundern einen Mann, der durch sein gekonntes Spiel mit den Medien ein noch größerer Held wird, und nähren damit ihren eigenen Minderwertigkeitskomplex. Anders gesagt: Indem der Sänger mittels eines medialen Rituals, das angeblich dem Wohl der Schwächeren in der Gesellschaft dient, als »Opfer« in Szene gesetzt wird, verwandelt er sich gewissermaßen in ein universelles Pharmakon für eine an sich selbst leidende Menschheit. Gleichzeitig erhebt er das Leid in ikonische Höhen, die kein namenloser Fernsehzuschauer und an sich selbst zweifelnder Mitmensch je erreichen wird.

Die Projektion des eigenen Schicksals auf das eines Helden ist ein zweischneidiges Schwert, das wussten schon die alten Griechen. Das Ganze mag zwar zu einer vorübergehenden Läuterung führen, doch die Probleme in der Welt außerhalb des Theaters werden dadurch nicht gelöst. Deshalb sah sich Goethe nach dem Erscheinen seines ersten großen literarischen Erfolgs, *Die Leiden des jungen Werther,* genötigt, seine Leser davor zu warnen, sich den Helden und seinen aus Liebeskummer vollzogenen Suizid zum Vorbild zu nehmen – zum ersten Mal in der Geschichte verursachte ein literarisches Werk eine Suizidwelle. In ganz ähnlicher Weise will Stromae mit seinem Auftritt in der Nachrichtensendung die existenziell zweifelnden Zuschauer warnen: Seid Helden, und imitiert mich nicht. Dies macht er aber auf eine Weise, die Menschen mit einem schwachen Selbstwertgefühl attraktiv finden: ein Held zu werden, indem man gesteht, keiner zu sein.

Dieses Paradox ist der Kern der Verführungsmacht des medialen Moments: Man will ein Held sein, indem man es gerade nicht ist – *we can be heroes, just for one day,* wie Bowie in weiser Voraussicht schon vor Jahrzehnten sang. Und sei es dadurch, dass man gesteht, sich mies zu fühlen und alles andere als ein Held zu sein, und es damit dann tatsächlich zu werden.

Als Franz Kafka in seinen burlesk-melancholischen Geschichten Antihelden zu Protagonisten machte, besaß er dafür weder ein Publikum noch war er in der Verfassung, sich über alles zu stellen, im Gegenteil: Er bat einen Freund, sein geniales, von ihm selbst für misslungen erachtetes Œuvre zu verbrennen, das zu den literarischen Wegweisern der Moderne gehört. Seine Antihelden hätte Kafka niemals

als funkelnde Mediengötter dargestellt, die den Massen erklären: Du bist nicht allein. Im Gegenteil, die totale, radikale Einsamkeit war eine Grundbedingung seiner Antihelden. Das Ganze zeigt einmal mehr, wie sich Elemente der Kultur der Moderne mit der postmodernen Welt zu etwas Medienwirksamem verquickt haben, zu einem Amalgam aus Größe und äußerster Verletzbarkeit: Das zeitgenössische Opfer der eigenen Neurosen feiert sich als neuen Helden.

Die Vorbildfunktion der Medien, die diese einfach deshalb besitzen, weil es sie *gibt*, ist aus diesem Grund zwiespältig. Die *looks* der Weltstars drücken die radikal subjektive Botschaft aus: Schaut her, ich bin verletzbar und strahle trotzdem wie ein Star, das kannst du auch! Das verführt zur Identifikation und endet unausweichlich in der Enttäuschung. Die Massen schauen zu Stars wie Beyoncé, Lady Gaga, Angèle, Nick Cave und Stromae auf und wollen ihre eigene Identität mit dem Ideal, ein verletzbarer anderer zu sein, bereichern. Diese Projektion löst den widersprüchlichen Prozess einer gleichzeitigen Selbstüberhöhung und Selbsterniedrigung aus. Dadurch, dass der neue Universalismus sich aus dem Material des intimsten Lebens speist, wird das Intime unpersönlich: Am Ende bleibt nur der eigene, namenlose Körper, der zwar die vielfältigen multimedialen Spiegelungen wahrnimmt, sich jedoch niemals genesen fühlt.

Und so funktioniert der intimistische Universalismus: Er sorgt für ein Auf und Ab in der grenzenlosen, medial ausgestellten Subjektivität. Es ist, als ob wir von nun an in einer Art universellem Mutterleib lebten, ohne dass uns

dieser automatisch einen emotionalen Rundumschutz ge-
währen würde. Wenn am Leben verzweifelnde Konsumenten der globalen Kulturindustrie aus den Medien von der
bipolaren Störung Kanye Wests erfahren oder die erschre-
ckend intimen Details von Amber Heard und Johnny Depp
vorgesetzt bekommen, verabreichen sie sich damit ein ner-
venberuhigendes Placebo: *They're just like us.*

Nach den klarsichtigen Worten des deutschen Kulturphilo-
sophen Theodor W. Adorno lebt die neue totalitäre Ideologie von allem, was sich mit dem Etikett des »Spontanen«
oder des »Authentischen« als selbstverständlich präsentiert.
In einem 1967 gehaltenen Vortrag über den damals wieder
erstarkenden Rechtsradikalismus stellt er fest, dass Menschen eher den Personen, die sie kritisch auf die Illusion
ihrer »Scheinspontaneität« hinweisen, die Schuld geben als
der fragwürdigen Funktionsweise des »Apparats«, innerhalb dessen sie sich mobilisieren lassen. Die universelle Subjektivität ist geschmack- und konturenlos geworden; sie hat
sich in eine neue Pseudo-Objektivität verwandelt. Die ei-
gentlichen Produkte, um die sich alles dreht, sind die Konsumenten. Sie sind der Rohstoff der medialen Produktion,
und außerdem verkaufen sie sich dem Medium von ganz
allein. Kein Diktator oder *Big Brother* hätte es sich je er-
träumen können, dass die Menschen nur wenige Jahrzehnte
nach den größten vom totalitären Denken heraufbeschwo-
renen Katastrophen die intimsten Details ihres Lebens dem
Informationssystem, über das sie selbst keinerlei Kontrolle
ausüben, freiwillig überlassen. Während die Kommunisten
und Faschisten von früher eine ganze Armee von Spionen

und Beamten unterhalten mussten, um herauszufinden, was ihre Bürgerinnen und Bürger taten und dachten, füllen wir heute Tag für Tag unbekümmert unsere Formulare und Dokumente aus und liefern ungefragt so manches Bildmaterial mit dazu. Die sogenannte globale Intersubjektivität der neoliberalen Welt bindet unsere Körper an sich und spielt uns vor, dass wir alle zusammengehören. Dabei bleibt jeder von uns in seiner eigenen Blase, die ihn formt und beeinflusst. Das tragische Paradox: Ausgerechnet diese scheinbare Zusammengehörigkeit verursacht unsere große Einsamkeit.

Die Klick-Politik

Schon lange sind wir an eine Werbung gewöhnt, deren Ziel es ist, unseren Geschmack zu formen. Mit der Umsetzung des Marshallplans nach dem Zweiten Weltkrieg rief uns die Werbung ständig zu, wir sollen so werden wie die anderen, wie die, die schon hatten, was uns noch fehlte: Ohne diese Küche, ohne jenes Sofa zählte man nicht. Jedes Mal, wenn die Werbung auf unsere Statusangst zielte, bediente sie sich dabei unserer niederen Empfindungen wie beispielsweise Neid. Wenn du dieses Produkt kaufst, werden deine Nachbarn es dir neiden. Egal, ob es sich dabei um das neueste Automodell, ein Kosmetikprodukt oder ein Parfüm handelte, die Werbung versprach eine Aufwertung unserer Person, die sich vom Materiellen ausgehend psychologisch auszahlen würde.

Werde der, der du bist! – Als ob wir nicht schon längst wüssten, dass das Subjekt nur »es selbst« ist, weil es nicht gänzlich verstehen kann, was es für sich schon immer war: ein blinder Fleck, den wir schon seit Langem »Ego« nennen.

Seit die Algorithmen die klassische Werbung abgelöst haben, wird der Konsument auf ganz andere Weise am Kragen gepackt: Das Internet folgt seinem Surfverhalten und erstellt auf diese Weise ein Klick-Profil, das er nicht frei gewählt, sondern sich eher zufällig zusammengeklickt hat. Er ist jetzt nicht mehr ein bewusster Konsument, sondern nur noch das unbewusste Resultat seines halb zerstreuten Klick-Verhaltens, ein Subjekt, dem es nach einer käuflich zu erwerbenden Transzendenzerfahrung verlangt. Der Klick-Konsument besitzt oft keine spezifischen Wünsche mehr; er überlässt sich aus Langeweile einem algorithmisch gestützten Surfverhalten, wodurch berechnet wird, was er eigentlich wirklich will, und das ihn vom einen zum anderen führt. Damit hat sich die bisher übliche Transaktion zwischen Anbieter und Verbraucher strukturell geändert. Die Werbung ruft nicht länger: Werde wie die anderen, sondern: Werde so, wie du bisher noch nicht wusstest, dass du warst. Der Algorithmus hat als unsichtbare Urteilsinstanz schon längst bestimmt, wer man, ohne es zu wissen, eigentlich ist, er kennt die verdrängten Wünsche, die er aus den besuchten Websites ableitet. Mithilfe des Algorithmus konsumiert man, indem man den eigenen, im Netz hinterlassenen Spuren folgt – wie Hänsel und Gretel, die, ihren selbst ausgestreuten märchenhaften Brotkrümeln folgend, wieder aus dem Wald herauszufinden hoffen.

Der französische Philosoph Jean-François Lyotard warnte bereits in den 1970er-Jahren in seiner Studie *Das postmoderne Wissen* davor, unsere Lehrer und Dozenten von einst, denen wir Autorität zuschrieben, durch die vermeintliche Objektivität der Computer zu ersetzen, weil die Pseudo-Objektivität des unpersönlichen Befehls uns dann stärker beherrschen würde als jemals etwas zuvor. Durch diese Pseudo-Objektivität wird der Algorithmus im transzendenten Sinne zum absoluten Herrn und Meister: Allgegenwärtig und unsichtbar ähnelt er darin dem althergebrachten Gott. Er erschafft Menschen buchstäblich aus dem Nichts: Durch ihr zufälliges Surfverhalten erstehen sie aus den Algorithmen der eigenen Suche neu und werden sie selbst. Oder im Sinne Bruno Latours verstanden, der in seinem Werk *Kampf um Gaia* darlegt, dass Subjekt zu sein jetzt nicht mehr bedeutet, hinsichtlich einer vorgegebenen Objektivität autonom zu sein, sondern sein eingeschränktes Handlungsvermögen mit anderen Subjekten zu teilen, die, wie man selbst ihre Autonomie freiwillig aufgegeben haben.

Die Werbung, wie politische Parteien und populistische Bewegungen sie immer öfter in den sozialen Netzwerken verbreiten, geht noch einen Schritt weiter: Auch hier spekuliert man darauf, dass politische Überzeugungen sich durch das persönliche Klick-Verhalten erst bilden und also spontaner Ausdruck des »wahren« Ichs des Umworbenen sind – auch wenn dieser das noch nicht weiß. Wer ständig Artikel und Websites anklickt, die die Klimakrise und Proteste gegen Homophobie und Rassismus für linke Spinnereien halten, oder wer sich über politisch inkorrekte, vor schlechtem Geschmack nur so strotzende *memes* amüsiert, der bekommt unversehens noch mehr Websites und *memes* zu sehen, die diesem Klick-Verhalten entsprechen. Dieser Tanz der Algorithmen ist auch dafür verantwortlich, dass sich orientierungslose Menschen, die ziellos im Netz surfen, radikalisieren.

Politische Parteien und Bewegungen wissen das Spiel mit den Algorithmen inzwischen perfekt für sich zu nutzen. Personalisierte politische Werbung eignet sie prächtig für perfide Indoktrination, denn sie fordert das Opfer nicht dazu auf, irgendwo dazuzugehören: Sie fordert es lediglich dazu auf, *sich selbst* zu gehören, denn die infrage stehenden Überzeugungen passen offensichtlich widerspruchslos zu eben der Persönlichkeit, die das eigene Klick-Verhalten nahelegt. Damit hat die nächste Phase der ichbezogenen Ideologie eingesetzt. Sie geht weit über die bisher für ein wahres Leben »unverzichtbar« gehaltene Lifestyle-Indoktrination durch Modemarken, Autoindustrie und Designartikel hinaus und *formt* die ideologischen Subjekte nun auf der Grundlage von einer teilweise unbewusst geschaffenen Klick-Historie, von Impulsen und Intuitionen, die den Internetnutzerinnen und -nutzern unverzüglich richtig und berechtigt erscheinen. Radikalisierung besteht deshalb auch immer aus einer Bestätigung des Ichs. Die Echokammer umschließt das Subjekt stets hermetischer, spiegelt ihm aber vor, das Echo der ganzen Welt zu sein. Aus diesem Grund greifen nun auch politische Spindoctors zu den Mechanismen der Werbeindustrie, weil sie ebenfalls das Behagen und die identitäre Befriedigung hervorrufen wollen, die der Klick-Konsument erfährt, wenn er in einem Teil seines Ichs bestätigt wird, das er bisher noch nicht kannte. Auf diese Weise entstehen Massenbewegungen, ohne dass man sie als solche erkennt. Sie besitzen weder Struktur noch Programm und scheinen aus nicht mehr zu bestehen als aus individuellen Behauptungen, Slogans und Schlagzeilen. Die klickende Person ist niemals zuvor so vollkommen sie selbst gewesen, und die Echokammer schließt sich immer enger um das, was sie mit der Zeit für ihre eigene, höchstpersönliche Überzeugung hält. Werde der, der du bist – damit ist die

Persönlichkeit endgültig zur politischen Ware geworden. Der Klick-Konsument kann sich nicht mal einer bestimmten ideologischen Überzeugung rühmen; alles, was er getan hat, ist, sich zufällig ein persönliches Surfverhalten anzueignen – das scheinbar objektiv erscheinende Gefühl, sich selbst bestätigt zu sehen. Dabei ist nichts weniger persönlich, als von einem Algorithmus an der Nase herumgeführt zu werden, den clevere Nerds hinter den Bildschirmen ausgeheckt haben.

Das führte dazu, dass viele Millionen Amerikaner an eine »alternative Wahrheit« glaubten, an eine Wahrheit, die im Widerspruch zur Wirklichkeit steht. Wenn man so will, unterscheidet sich die Lebenssituation der Trump-Anhänger nur dadurch von der der Chinesen, deren Internetnutzung sich zwangsweise auf zensierte Websites beschränkt, dass man in Amerika der Ansicht ist, in einer freien Welt zu leben, während ihre Lieblings-Websites und Fernsehsender ihre verzerrte Realitätswahrnehmung radikal verstärken. Diese politische selbstreferenzielle Isolation droht zu einer globalen Ideologie zu werden, die sich mit jedem Klick noch stärker im Individuum verankert; die Internetnutzerinnen und -nutzer liefern sich einer alles umfassenden Riesentechnologie aus, die einer eigenen Dynamik folgt und sich rasant fortentwickelt. Der französische Philosoph und Aktivist Claude Lefort behauptete einmal, dass ein System, das außerhalb seiner selbst nichts denken oder vorstellen kann, mit politischen Begriffen nicht zu verstehen sei. Während früher ein totalitäres System seine Untertanen unterdrücken musste, um sie gefügig zu machen, ist es heute der Identifikationsdrang der freien, surfenden Bürgerinnen und

Bürger, der alles beherrscht: Internetnutzerinnen und -nutzer weltweit werden vom virtuellen Intimismus gegängelt und sind dennoch der irrigen Ansicht, frei zu sein.

Der Verfall der partikularistischen Gesellschaft setzte ein, als die politische Überzeugung der Bürgerinnen und Bürger zu einer persönlichen Angelegenheit wurde, die man für das Funktionieren der Gesellschaft als nicht länger von Belang ansah. Es ist schon eigenartig, dass viele Leute angesichts der totalen Transparenz in der heutigen medialen Öffentlichkeit immer zurückhaltender werden bei der Frage, wen sie gewählt haben; vor allem diejenigen, deren Sympathien den Rechten gelten und die ihr Kreuz für ein *guilty pleasure* halten. Der populistischen Propaganda gelingt es ausgesprochen gut, das Wahlvolk zu überzeugen: Traut euch zu sagen, was die anderen nur denken! Steht zu eurer Meinung! Womit sie einen aber nur auffordern zuzugeben, von einer Welt zu träumen, in der Rassismus und Sexismus wieder zur Normalität gehören wie in den guten alten Zeiten. Doch die Bürgerinnen und Bürger, die es wagen, ihre angeblich so mutige »Proteststimme« verlauten zu lassen, ahnen, dass sie sich damit der Gefahr des *shaming and blaming* aussetzen, weshalb sie ihren Wahlzettel sittsam hinter dem Feigenblatt der Privatmeinung verbergen. Schließlich geht es doch um die eigene, streng persönliche Meinung, oder etwa nicht? Was soll denn daran falsch sein?

Damit wird die politische Überzeugung auf eine Stufe gestellt mit der religiösen, die im profanen Zusammenleben ebenfalls als Privatsache gilt. Schon Hegel wies in seiner *Enzyklopädie der philosophischen Wissenschaften* darauf hin, dass es gefährlich sei, religiöse Überzeugungen beispielsweise als persönliche Angelegenheit zu betrachten und damit von der »objektiven« Politik der Macht und des Staats zu trennen. Dadurch drohe die Verbindung zwischen Weltanschauung und Politik aus dem Blickfeld zu geraten. Doch nicht die Tatsache, dass die Staatsreligionen zurückkehren könnten (das wird im säkularisierten Westeuropa vorerst wohl nicht passieren), sollte uns beunruhigen, sondern der Umstand, dass die politische Überzeugung auf den Status einer streng persönlichen Meinung herabgestuft wird. Wenn aus politischen Überzeugungen willkürliche persönliche Meinungen werden, kann das leicht dazu führen, dass auch die Staatsführung in die Hände von angeblich neutralen, vermutlich nicht immer demokratisch gewählten Expertinnen und Experten gelegt wird – die übrigens selbst nach kurzer Zeit den Anspruch erheben werden, eine neue »objektive Politik« zu verkörpern.

Kein Wunder, dass unser Zusammengehörigkeitsgefühl politisch zunehmend geschwächt wird und die Zivilgesellschaft erodiert: Wenn unsere Volksvertreterinnen und -vertreter im Parlament nicht mehr weiterwissen, warum soll man dann noch zur Wahl gehen? Auf diese Weise aber wird Politik zu einem Minenfeld aus moralischen Urteilen, auf dem Politikerinnen und Politiker nur noch ihre »Persönlichkeit« ins Feld führen und auf dieser Grundlage bewundert oder verabscheut werden. Dieser Prozess, die politische Überzeugung zu einer subjektiven Angelegenheit zu machen, setzt sich fort, indem sich sowohl progressive als auch populistische Parteien als Organe des hippen Lifestyles mit gewissen moralischen Ambitionen verstehen und nicht länger als Triebfedern des sozialen Wandels. Der politische Philosoph und Jurist Carl Schmitt erkannte das bereits in den frühen 1930er-Jahren: Wo wirtschaftliche Motive mit Moralismus verknüpft werden, bildet sich ein Liberalismus, der ein politisches Denken nahezu unmöglich macht. Und in einer solchen neoliberalen, verwirrenden Pseudo-Objektivität bewegen sich die westlichen Gesellschaften schon seit Jahrzehnten.

Integrität und Intrige

Die Aufklärung, von Kant treffend als das Vermögen des Individuums formuliert, sich seines eigenen Verstandes zu bedienen, um zu einem eigenständigen, kritischen Denken zu gelangen, hat einen Typus des bürgerlichen Individuums hervorgebracht, für den die Demokratie das Ergebnis des eigenen Sprechens und Handelns ist. Die Soziale Demokratie ist aber auch eine Gesellschaftsform, in der die autonomen Bürgerinnen und Bürger ihre Freiheit in ein größeres Ganzes einbetten, das die Summe ihrer gemeinschaftlichen Selbstbestimmung sein soll. Das fragile Gleichgewicht zwischen Eigenständigkeit und Abhängigkeit kennzeichnet den sozialen Wohlfahrtsstaat, bildet aber auch dessen Achillesferse. Wir fügen uns in eine Gemeinschaft ein, weil das unser eigenes Wohl befördert, gleichzeitig werden wir Teil eines Staates, der sich für das Wohl aller einsetzt. Mit anderen Worten: Im sozialdemokratischen Kontext wird das bekannte »wohlverstandene Eigeninteresse« durch notwendige Formen des Altruismus beschränkt. Diese versteckte Ambiguität im Selbstverständnis der westlichen Sozialen Demokratien musste während der Corona-Pandemie zwangsläufig schmerzlich zum Vorschein kommen. Die Grenzen der demokratischen Gesellschaft werden davon bestimmt, welches Maß an Freiheit

Menschen in einem Kontext für sich einfordern, der als Garant der Fürsorge, der Solidarität und des Mitgefühls gilt. Unser Drang nach Autonomie kollidiert mit einer notwendigen Heteronomie, das heißt mit der Abhängigkeit von der Gesetzgebung durch andere. Eine repräsentative Demokratie ist aus diesem Grund eine heikle Angelegenheit: Die versprochene Freiheit des Individuums wird strukturell eingeschränkt, nicht nur durch den Umstand, dass wir in Ausnahmesituationen auf Solidarität angewiesen sind, sondern auch, und das weit grundlegender, aufgrund der mobilisierenden Wirkung von Arbeit und Produktion im Allgemeinen.

Unsere bürgerliche Identität beruht somit hauptsächlich auf unserem sozialen Nutzen: Wichtig ist vor allem der Beitrag, den wir gesellschaftlich leisten. Doch zeichnet sich bei vielen jungen Leuten, die bereits in ihren Dreißigern kurz vor dem Burn-out stehen, ein Verlangen nach mehr innerer Ruhe ab, danach, sich vom meritokratischen Druck abzuwenden, aus dem Wettbewerb auszusteigen, in *tiny houses* zu ziehen und ein natürlicheres Gleichgewicht zu finden – es herrscht der Wunsch, den infernalischen Nexus von Identität und Leistung zu durchbrechen und mehr Selbstbestimmung zu erlangen. Das zeigt, wie schwierig das Verhältnis zwischen Engagement und Selbsterhaltung in unserer von Überarbeitung geprägten Gesellschaft geworden ist.

Die Politik setzt unseren verdienstvollen demokratischen Einsatz jedoch gewissermaßen blind marktwirtschaftlichen Gesetzmäßigkeiten aus. Wahlen sind ein den Politikern vom autonom wählenden Individuum ausgestellter Freibrief, mit dem es sein Schicksal in deren Hände legt, weil es glaubt, sie könnten seine Freiheit garantieren. Die Politiker aber verweisen darauf, nicht uneingeschränkt und frei handeln zu können, sondern ihrerseits von Gesetzmäßigkeiten abhängig zu sein. Der Kern des Widerspruchs ist somit folgender: Bürgerinnen und Bürger, die das Paradox akzeptieren, ihre persönliche Freiheit nur in der Abhängigkeit von anderen garantiert zu sehen, sind pragmatische Demokraten. Frei sind sie somit nur in einem sehr relativen Sinne – frei auf der Grundlage gegenseitiger Abhängigkeit, darin besteht der eigentliche Gesellschaftsvertrag.

Kaum etwas illustriert diesen Gegensatz von Selbstbestimmung und den Gesetzen der Gemeinschaft deutlicher als der Konflikt zwischen Antigone, die ihren im Kampf gefallenen Bruder beerdigen möchte, und König Kreon, der die Bestattung eines Staatsfeindes untersagt. Antigone stellt die Blutsbande mit ihrem Bruder über alles, sie handelt gemäß den archaischen Gesetzen einer matriarchalen Gesellschaft, dem Gesetz der Familie und der Verwurzelung. Kreon dagegen ist der Ansicht, dass das patriarchale Gesetz der politischen Zugehörigkeit vorherrscht, das Gesetz des universellen Rechts. Hier steht die Identität der gesellschaftlichen Rolle genau so diametral gegenüber wie das Recht des Individuums der Staatsräson. Bereits Hegel hielt es in seiner *Phänomenologie des Geistes* für sinnlos, sich für eine der beiden Parteien im antiken Konflikt zu entscheiden: Sowohl Antigone als auch Kreon haben recht, weil das Gesetz seinem Wesen nach uneindeutig ist. Beide sind zu prinzipientreu, um sich auf einen Kompromiss einzulassen. Eine *polis* beruht nun einmal auf dem Paradox, dass sowohl das ungeschriebene, persönliche Gesetz (Antigone) als auch das offizielle, allgemeine, für alle Bürgerinnen und Bürger geltende Gesetz (Kreon) gleichzeitig Gültigkeit besitzen. Die Rechtsprechung versucht, diese ständig drohende Kluft zwischen den beiden Gegenpolen zu schließen, indem sie die Gesetze von Fall zu Fall anwendet. Im antiken Griechenland hießen die Pole dieser diffizilen Angelegenheit *nomos,* Gesetz, einerseits, und *dikè,* Recht, andererseits.

Wenn Bürgerinnen und Bürger das ungeschriebene Recht auf persönliche Freiheit zu einem absoluten und nicht verhandelbaren Dogma erheben, kommt das einem Angriff auf das Gesetz des Allgemeininteresses gleich. Der französische Historiker, Philosoph und Staatsmann Alexis de Tocqueville warnte in seinem Buch *Der alte Staat und die Revolution* schon 1856 davor, dass das Verhältnis zwischen individuellem und allgemeinem Interesse in Schieflage geraten könnte – der Bürger, so behauptete er, werde erst dann frei sein, wenn er im Sinne des Gemeinwohls handle. Denn falls er strikt dem Eigeninteresse folge, würde sich das nicht nur negativ auf das Gemeinwohl auswirken, sondern auch auf ihn selbst.

Genau das geschah, als das Gemeinwohl in Zeiten der Pandemie von den Bürgerinnen und Bürgern verlangte, sich dem Diktat der medizinischen Vorsicht zu beugen. Ein Teil der Bevölkerung verhielt sich plötzlich wie eine außer Rand und Band geratene Antigone: Diese Leute wollten von einer heteronomen Verbundenheit nichts wissen und nahmen für sich eine private Autonomie in Anspruch, auf deren Grundlage sie sich weigerten, bezüglich des Allgemeininteresses irgendwelche Zugeständnisse zu machen. Auch der nächste

Schritt war vorhersehbar: Ein grundsätzliches Misstrauen gegenüber »dem System, »der Politik« und »der Wissenschaft«; ein Triumvirat, das wie die Könige im Namen der bürgerlichen Freiheit enthauptet werden sollte – was aber eine Aushöhlung des Konzepts der bürgerlichen Freiheit mit sich zieht.

So konnte es geschehen, dass die weltweite Pandemie etwas bis dahin politisch Undenkbares hervorbrachte: Rechtsextreme Kräfte mit einer schon immer schwer einzuschätzenden Zerstörungswut übten bei Impfgegner-Demonstrationen den Schulterschluss mit linksanarchistischen Apologeten, die sich für das Recht des autonomen, unantastbaren bürgerlichen Individuums – *ni Dieu ni maître!* – einsetzten. Die Forderung nach der moralischen und körperlichen Integrität des Menschen von links verschwägerte sich plötzlich mit Rechten, die stolz darauf waren, mit ihren politischen Intrigen derart viel Unfrieden zu stiften. Das ist vielleicht das befremdlichste Phänomen der vielen schwer einzuordnenden Amalgame, die unter dem Nenner des Populismus zusammengefasst werden können.

Integrität und Intrige – damit legt die Antipolitik im Namen der Politik ihr wahres Wesen offen, und die linken Forderungen nach Autonomie und Integrität werden von den rechten Intrigen derer, die sich von heteronomen Bestrebungen distanzieren, disqualifiziert. Wenn Marx' Ausspruch stimmt, dass jede weltgeschichtliche Tatsache zunächst als Tragödie auftritt, um irgendwann als ihre eigene Farce zurückzukehren, dann bewahrheitete er sich während der Corona-Pandemie ein weiteres Mal. Hier gelangte das radikale Freiheitsdenken zu einem absurden Tiefpunkt, als es uns in Form der sogenannten Freiheitskarawane der Lastwagenfahrer heimsuchte, die die kanadischen und später auch die französischen Straßen blockierte. Die Bewegung dieser »Freiheitskämpfer« blutete jedoch wegen politischer Ideenarmut schnell aus und fand ein Ende, als die Brummis sich bei den letzten Straßensperren in der Nähe von Brüssel nur noch gegenseitig blockierten. Meiner Ansicht nach hat der israelische Journalist Nadav Eyal recht, wenn er in seinem Buch *Revolte* das Ende der Epoche der Verantwortung kommen sieht.

Wer kein Gesetz über sich duldet, dessen Leben bestimmt sich nicht länger durch den Mut, ein Individuum zu sein, sondern durch die Weigerung, ein Staatsbürger sein zu wollen. Zwischen Staatsbürgerschaft und individueller Freiheit herrscht ein Spannungsverhältnis, das sich in einem immer wieder geäußerten Unmut über die Gesetze äußert, die unsere Gesellschaft zusammenhalten. Gleichzeitig wird dadurch deutlich, wie machtlos Widerstand gegen die neoliberale Herzenskälte im Moment noch ist. Ein kritisches Misstrauen gegenüber den Machtstrukturen ist unverzichtbar für eine fortwährende Sanierung des Systems, und es ist allen damit gedient, wenn sich mündige Bürgerinnen und Bürger in Zeiten strikter Vorgaben, die in einem Ausnahmezustand für notwendig erachtet werden, weiterhin als Individuen behaupten: Der Widerstand gegen das Bestehende ist stets eine entscheidende Bedingung für dessen Weiterexistenz. Der Clash zwischen Freiheit und Staatsbürgerschaft ist aber auch ein Indiz für die Krise der Sozialen Demokratie. Als sogar einige Philosophen und Virologen die Meinung äußerten, es gäbe eine weltweite Verschwörung mit dem Ziel, die totale Kontrolle über die Bürgerinnen und Bürger zu erlangen, wobei die Pandemie der kaum verdeckte Vorwand dafür wäre, stellten sie damit die Grundwerte des Sozialvertrags infrage und befanden sich in der zweifelhaften Gesellschaft derer, die sich nicht viel aus den Grundfesten der Sozialen Demokratie machen.

Politische Repräsentation darf niemals zum Gegenstand einer demokratischen Zersetzung werden, der Vertrag muss zwar schonungslos kritisch hinterfragt werden, ist aber als Gesellschaftsvertrag nicht verhandelbar, da man sonst Gefahr läuft, Bürgerinnen und Bürger von dem, was sie verbindet, zu entbinden. Das wurde schmerzlich offenbar, als Donald Trump in der amerikanischen Gesellschaft Kräfte zu entfesseln vermochte, die die Grundsätze der demokratischen Entscheidungsfindung entweder nicht mehr verstehen oder sich nicht mehr zu ihnen bekennen wollten. Auch die totalitären Züge innerhalb der äußerst konservativen Politik in Ländern wie Polen, Ungarn, Türkei, Belarus und Russland weisen in diese Richtung. Es wurde bereits oft und ausführlich beschrieben, wie schnell sich das durch den Fall des Kommunismus entstandene Vakuum mit Machtmissbrauch, Willkür und Cowboykapitalismus füllen kann. Im Gesellschaftsvertrag der westlichen Gemeinschaften ereignete sich etwas Vergleichbares, als die bisher bewährte Form des Kapitalismus – die soziale Marktwirtschaft – von einer rabiateren, neoliberalen Variante des Kapitalismus abgelöst wurde. Deshalb lässt sich jetzt in ganz Europa beobachten, dass immer mehr Menschen aus der unteren Mittelschicht auf öffentliche Sozialeinrichtungen angewiesen sind, mit anderen Worten: Ihr Geld reicht nicht bis zum Ende des Monats.

Das Abrutschen der unteren Mittelschicht in die Armut, während es der oberen Mittelschicht immer besser geht, ist äußerst besorgniserregend. Es führt bei denjenigen, die auf diese Weise »abgehängt« werden, zu Verbitterung und Politikverdrossenheit und bildet den Nährboden, auf dem das totalitäre Denken gedeiht. Auf diese Weise erzeugt die neoliberale Freiheit das Gegenteil dessen, was sie zu sein vorgibt. In den USA führte der Gegensatz zwischen der individuellen und der sozialen Freiheit die Gesellschaft bereits an den Rand eines Bürgerkriegs, bei dem alle gegen alle Gewalt ausüben und die totale Autonomie ausartet in eine radikale Heteronomie der Gewalt.

Das alles führte zu einer unheilvollen Verstrickung von dringendst notwendiger Gesundheitsversorgung, medizinischer Ethik und dem Nachdenken über Demokratie, deren traurigen Tiefpunkt die Pamphlete von Giorgio Agamben bildeten. Während seine Landsleute in Massen dem Virus erlagen, bezweifelte der italienische Philosoph, dass es sich um eine Pandemie handelte, und sah die Zeit einer neuen Diktatur angebrochen. Es ist zwar unbestritten, dass die pharmazeutischen Wucherprofite sehr wenige Menschen sehr reich machten, während die Freiheit vieler gleichzeitig enorm eingeschränkt wurde. Doch zu diesem Zeitpunkt hatte man kaum eine andere Wahl, denn das medizinische Personal arbeitete in ganz Europa an den Grenzen seiner Belastbarkeit, und die Krankenhausflure lagen voll mit Patienten, die verzweifelt um Atem rangen, während Patienten mit anderen Krankheiten sich mit der Tatsache konfrontiert sahen, dass ihre lebensrettende Operation aufgrund der überlasteten Intensivstationen verschoben werden musste. Wer in diesem Moment nur die Einschränkung der eigenen Freiheit im Blick hatte, konnte schwerlich ein verantwortungsbewusstes Mitglied der Gesellschaft genannt werden. Die Freiheit des individuellen Körpers befand sich im Konflikt mit der Sorge für den Kollektivkörper der Gemeinschaft. Der individuelle Körper stand dem *body politic* plötzlich diametral gegenüber; der reale Körper zeigte sich unvereinbar mit dem symbolischen Körper der Gemeinschaft.

Seit Urzeiten werden Körper politisiert. Bereits das Menschenopfer, der antike *pharmakos,* sollte mit der Opferung seiner Körperlichkeit die Gemeinschaft vor üblem Schicksal bewahren. Zwischen Opfer und Medizin herrschte schon immer eine rituelle Verbindung: Man erwartete, dass ein Opfer die Gemeinschaft heilen würde. Die Tötung war traditionell mit der Reinigung des Lebens verknüpft, ein mystisches Motiv, das während der Pandemie hoch im Kurs stand. In Paris trat eine Frau vor die Kamera, in der Hand ein Pappschild, auf das sie mit Filzstift geschrieben hatte: *»Mieux vaut mourir en liberté que de vivre en esclavage«* – Lieber in Freiheit sterben als in Sklaverei leben. Sie missbrauchte den Slogan der Französischen Revolution, um lauthals zu verkünden, dass sie keine Lust habe, sich von einer Impfnadel piken zu lassen. Wenn der Freiheitsdiskurs sich zu einem solchen lebensmüden Aufschrei pervertiert, dann hat das etwas Erschreckendes. Ohne sich dessen bewusst zu sein, bewies die Frau damit nur, dass die Errungenschaften der Französischen Revolution – für Patrioten

wie sie ansonsten heilig – im Grunde nur noch aus der Zeit
gefallene Sophismen sind.

Auf welche Weise manche Impfgegner für sich plötzlich
den Status eines Menschenopfers beanspruchten, das uns
rituell von der kollektiven Verschwörung reinigen sollte,
war gelinde gesagt kurios. Als die beiden exzentrischen
Zwillingsbrüder Igor und Grischka Bogdanoff, Stars des
französischen Privatfernsehens, innerhalb weniger Tage an
Covid-19 starben, betonten sämtliche Medien ausdrücklich,
dass beide Brüder sich einer Impfung verweigert hatten.
Diese in jungen Jahren auffallend schönen und attraktiven
Männer, die im südfranzösischen Schloss ihrer adeligen
russischen Großmutter aufgewachsen waren, stiegen zu
Helden des Privatfernsehens auf, sowohl durch ihre popu-
lärwissenschaftlichen, häufig im Stil eines Science-Fiction-
Films dargebotenen Sendungen als auch durch eine bizarre
Affäre, bei der sie mithilfe eines gefakten wissenschaftlichen
Artikels mehrere berühmte Wissenschaftler in die Irre geführt hatten. Später nahm auch ihr Äußeres immer bizarrere
Züge an, man vermutete misslungene Schönheitsoperatio-
nen – was beide unermüdlich bestritten, obwohl ihre entstellten Gesichter keinen anderen Schluss zuließen. Die Gesichter der beiden sahen aus, als wären sie in eine Prügelei
geraten, und wurden mit der Zeit lebloser, fast roboterhaft,
schienen zum ikonischen Vorbild all jener Menschen geworden zu sein, die ihren Körper auf extreme Weise umge-
stalten wollen, ganz so wie ORLAN mit ihrer *bodyart* oder
der späte Michael Jackson mit seinem Maskengesicht es
taten. Die übertriebenen Eingriffe der Brüder, die sie wie
lebendige Tote wirken ließen, die aufgespritzten Lippen,

ihre Existenz als halbe Cyborgs, all das stand in auffälligem Kontrast zu ihrer Forderung nach Unantastbarkeit angesichts eines Impfstoffs, der um einiges unschuldiger war als das, was sie ihren mediatisierten Körpern bis dahin angetan hatten. Ihr Tod hatte mystische Züge, antikes Heldentum und dessen Karikatur waren nicht mehr voneinander zu unterscheiden. Mit ihrer Weigerung, sich einem recht unschuldigen Pharmazeutikum auszuliefern, das sie vor dem Tod hätte bewahren können, und durch ihr rasches, in der Öffentlichkeit ausführlich dargestelltes Sterben am gefürchteten Virus glichen sie den Märtyrern in der Antike. Es machte sie in jeder Hinsicht zum *pharmakos,* zu schwarzen Schafen, zum vieldeutigen *body politic.* Ausgerechnet dadurch, dass sie auf der Hyperindividualität ihrer Körper beharrt hatten, wurden sie tatsächlich zum politisierten Körper – erhabene Parias, sterbend auf dem Altar der Medien, die sie zu Göttern erhoben hatten. Antigone, die sich wohl ebenfalls niemals hätte impfen lassen, würde in ihnen ihre entstellten Brüder erkannt haben, die sich im hegemonialen Kampf mit dem politischen Körper des Stadtstaates gegenseitig töteten.

Kritik und Krise

Zu wissen, dass die meisten Behauptungen, Werte oder Prinzipien widerlegt oder wenigstens relativiert werden können, ist die Basis jedes kritischen Denkens. Wer fähig ist, das Prinzip der Ambivalenz zu denken, vermag sich auch darüber klar zu werden, dass der eigene Standpunkt möglicherweise von vielen Faktoren abhängig ist. Auf diese Weise werden wissenschaftliche Aussagen gebildet: durch fortschreitende Erkenntnis, interne Paradoxien, Widersprüche, Trial-and-Error. Kritik ist immer »negativ«: Sie sucht in den Aussagen stets nach versteckten Ambiguitäten. Damit wird sie selbst auch angreifbar: Weil sie ständig versucht, das zu vermeiden, was sie eigentlich antreibt, wird sie ein Opfer ihrer selbst, denn keine Kritik ist frei von versteckten Widersprüchen.

Wir konnten in den letzten Jahren verstärkt beobachten, wie der Widerstand gegen die Ambivalenz wuchs. Dass der Populismus die wissenschaftliche und politische »Elite« oft der Korruption und Manipulation beschuldigt, liegt weniger in einer berechtigten Kritik begründet als in der Unzufriedenheit darüber, dass es für schwer lösbare Probleme offensichtlich keine eindeutigen Antworten gibt. Adorno nennt in seinen *Studien zum autoritären Charakter* als Merkmal der autoritären Persönlichkeit, dass sie sich der

Ambivalenz verweigert: Sie erträgt keinen Widerspruch, neigt zu einfachen Wahrheiten und schnellen, schlichten Erklärungen. Nichts missfällt der autoritären Persönlichkeit mehr als der Gedanke, dass die Wirklichkeit komplizierter sein könnte als die Vorstellungen, die sie sich davon macht. Auch deshalb strebt der Populismus dauernd nach Eindeutigkeit und nennt alles, was sich nicht in mundgerechten Häppchen verabreichen lässt, »elitär«. Statt im System ideologiekritisch und detailliert Korruption und Missstände zu analysieren und aufzudecken, geben Populisten meistens nur ungesicherte Behauptungen von sich. Ihren Diskurs halten sie mit Absicht vage, weil ohne konkrete Argumente Widerspruch und logische Einwände unmöglich sind. In diesem Sinne erleben wir jetzt weniger eine Krise des Wahrheitsanspruches als eine Krise der Argumentationskunst. Der Populist ist im Grunde ein Sophist, der komplexe Antworten als Versuche abtut, das Selbstverständliche zu verschleiern. Ein Sophist bezeichnet nur das als wahr, was ihn bestätigt, und nicht das, was zur Erforschung dessen dient, was wirklich wichtig wäre.

In den anderthalb Jahren der Pandemie konnten wir beobachten, wie Wissenschaftlerinnen und Politiker – die an Fäden hingen wie Marionetten – sich in diesem Spagat versuchten: Während die Wissenschaftler die Politikerinnen überzeugen mussten, mussten diese die Verschwörungsdenker überzeugen. Letzteres mit wenig Aussicht auf Erfolg, denn ein Sophist ist nicht daran interessiert, die Wahrheit herauszufinden; für ihn bieten Debatten lediglich eine Bühne für den heroischen Kampf zwischen dem »Wir« und den »Anderen«. Ein Sophist will nur punkten, mit Fakten hat er nichts am Hut. Das untergräbt die traditionelle Politik, die sich auf die Kunst des Überzeugens stützt. Die unglückliche Aussage des französischen Präsidenten Emmanuel Macron, dass man die hartnäckigen zehn Prozent an Impfverweigerern, die für die Überlastung des Gesundheitssystems verantwortlich seien, schikanieren solle (er benutzte das für ein Staatsoberhaupt ziemlich umgangssprachliche Wort *emmerder*), war ein Beweis dafür, wie ratlos er im Innern seiner politischen Argumentation tatsächlich war.

Grundsätzlich hatte der kritischere Teil der Impfgegner recht, als er darauf hinwies, dass die körperliche Integrität und *privacy* für einen Ausschlussmechanismus, der einen Teil der Bevölkerung stigmatisiert, nicht vorschnell aufgegeben werden sollten. In dieser Hinsicht war Macrons impulsiver Ausspruch ein taktischer *faux pas* sondergleichen. Doch das Recht auf körperliche Integrität gilt genauso gut für diejenigen, die sich durch Impfverweigerer gesundheitlich gefährdet fühlten. Damit war die Debatte zwischen Impfbefürwortern und Impfgegnern in ein Patt geraten, das zeigte, wie sehr kritisches und polarisierendes Denken bereits miteinander verknüpft sind. Dieser Travestie der negativen Kritik vonseiten der Populisten, die die Argumentationen umkehrten und zu kindischen Spielchen wie »Alles, was du sagst, bist du selbst« griffen, hatte die sogenannte intellektuelle Elite wenig entgegenzusetzen. Auch gegen das zielgerichtete Lächerlichmachen von Aussagen und das Feuerwerk haltloser, provokanter Behauptungen, die oft so weit hergeholt und unsinnig waren, dass sie kaum widerlegt werden konnten, konnte sie nichts ausrichten. Die Populisten vertraten während der Pandemie eine ganze Reihe von Forderungen, wofür die 68er-Bewegung gekämpft hatte – wie z.B. das Recht auf radikale Kritik, Misstrauen gegenüber der Macht, die totale Freiheit oder die radikale Autonomie des individuellen Körpers. Ausgerechnet diese Forderungen wurden nun wie eroberte Waffen gegen den Wohlfahrtsstaat in Stellung gebracht. Das erklärt einen Teil der taktischen Verzweiflung der gegenwärtigen Linken: Denn es sind die eigenen Waffen, die sie nun in parodistischer Form gegen sich gerichtet sehen.

Der französische Soziologe Edgar Morin widmete der »Krisologie«, das heißt dem Lernprozess, der durch Krisenzeiten in Gang gesetzt wird, einen sehr lesenswerten Essay mit dem Titel *Sur la crise: Pour une crisologie suivi de Où va le monde?* Krisen sorgen demnach dafür, dass wir stark erhöhte Dosen Unsicherheit verabreicht bekommen. Die »Aleatorik« oder die Lehre vom Ungewissen zwingt die Menschen zu akzeptieren, dass ihre Entwicklungschancen unbestimmt sind und sie wie Schiffe auf sturmgepeitschter See auf einen vagen Horizont zusteuern. Das beeinträchtigt die Lebenserfahrung, weil der neue Kontext keine Schlussfolgerungen aus früheren Situationen zulässt. Da Geschichte sich selten wiederholt, sich dagegen aber oft parodiert, kommt es häufig zu falschen Parallelen und neuen Widersprüchen, die sichere Vorhersagen in die Zukunft unmöglich machen. Das Leben in einer Gegenwart, die sich als Zwischenbereich oder Experiment darstellt, bringt die Menschen dazu, nach Gewissheiten zu suchen, die nicht recht zu dem neuen Zustand passen wollen. Das führt nicht nur zu neuer Unsicherheit, die die gegenwärtige Gesellschaft in ihrer Struktur zerstört, ohne dass neue Gesellschaftsmodelle zur Verfügung stehen würden, sondern als Folge davon auch dazu, dass das Vertrauen in rationale Erklärungen untergraben wird. Das Misstrauen gegen ein uneingeschränktes Aufklärungsdenken ist jedoch genauso alt wie die Aufklärung selbst, ja es bildet sogar die Triebfeder des aufgeklärten Denkens. Aber kritisches Misstrauen basiert auf Forschung und Nachdenken – wobei in Ausnahmesituationen das Nachdenken oft als Erstes geopfert wird. Deshalb sind Krisenzeiten auch so instabil: In ihnen zerbröckelt bereits nach kurzer Zeit das Fundament der rationalen Kritik.

Kritik steht immer in einem Spannungsverhältnis zur Objektivität. Wer Kritik ausübt, verdammt die universelle Objektivität zur Illusion. Je mehr man – vor allem in intersubjektiven Bereichen wie den Geistes- und Humanwissenschaften – universelle Objektivität anstrebt, desto häufiger stößt man auf subjektiv-kulturelle oder biologische Grenzen. Je stärker man sich eine objektive Welt ohne Krisen wünscht, desto tiefer stürzt man in eine solche, denn Entwicklungen werden immer von Ungewissheit begleitet. Ein objektiver oder fester Horizont stellt sich auf diese Weise jedoch nie ein, nur das, was Morin eine »endlose Hypothese« nennt: Die Erlangung der Erkenntnis, die uns beruhigen soll, verschiebt sich endlos in die Zukunft. Philosophisch betrachtet mag dieser frustrierende Gedanke spannend sein, aber in der Gesellschaft führt er zu einer tiefen Verunsicherung, die durch kein einziges politisches Versprechen der Stabilität gemildert werden kann. Bei der Suche nach den

Ursachen der Krisen ist der Mensch stets geneigt, einen Sündenbock auszumachen, weil der Gedanke, dass jede Entwicklung eine Krise bedeutet, für jemanden, der sich Sorgen machen muss, wie er seinen Lebensunterhalt bestreiten soll, kaum auszuhalten ist.

Kritik am »System« – die Enthüllung verborgener Wahrheiten – halten populistische Meinungsmacher dann auch für eine Form der Paranoia: Es ist besser, überhaupt nichts zu glauben, als einem Irrtum aufzusitzen. Misstraue also allem, dann ist dir wenigstens das Chaos gewiss.

Das populistische Misstrauen gegenüber den »Eliten«, der Wissenschaft und der Politik ist nur noch eine Karikatur dessen, was früher einmal eine legitime Kritik gewesen ist – ein isoliertes Relikt des altbewährten Klassenkampfs, jedoch ohne ideologische Alternative. Allerdings richten sich Populisten gegen den falschen Feind: Sie werden nämlich nicht von den Intellektuellen betrogen, sondern von den neoliberalen Gesetzmäßigkeiten, in denen sie ihre »totale Freiheit« verkörpert sehen und die sie verteidigen wollen. Weil die Gesellschaftskritik nur noch eine Perversion ihrer selbst ist, können die Verschwörungstheoretiker endlos Unwahrheiten verbreiten, ohne dass jemand, der auf der Suche nach so etwas Naivem wie der Wahrheit ist, sie dafür tadeln könnte. Damit findet aber weder eine Kritik noch eine Überprüfung der Fakten statt. Und wo das unterbleibt, werden der radikalen Dominanz und der Repression Tür und Tor geöffnet. Es ist kein Zufall, dass viele Rechtspopulisten Fans von Wladimir Putin sind: Er ist der wahre Mephisto des Sophismus. Die gegenwärtige Eskalation im schmutzigen Krieg in der Ukraine führt das schmerzlich vor Augen: Putin und Konsorten sind unschlagbar, wenn es darum geht, Tatsachen zynisch ins Gegenteil zu verkehren. Es ist das erklärte Ziel eines Sophisten, die Vernunft kaltzustellen, sodass die Absicht, etwas anhand der Fakten überprüfen zu wollen, nur noch wie eine rhetorische Trickserei wirkt. Und dann ist ein Regelbruch auch kein Regelbruch mehr, weil es ohne eine Möglichkeit der Überprüfung überhaupt keine Regeln mehr gibt.

Hierdurch wird nicht nur der Sophist zum Gegner des Philosophen, sondern auch der Kritikaster zu dem des Kritikers. Dissens und Meinungsverschiedenheiten sind zwar die Basis jeder selbstkritischen Demokratie, dennoch sollte die Debattenkultur vor manipulativem Missbrauch bewahrt werden. In den sozialen Medien tauchte auf einmal ein neues Phänomen auf: das gewaltbereite Opfertum. Es ist eine Form der Erpressung, die ihren perfiden Höhepunkt erreichte, als Leute sich Judensterne anhefteten und auf die Straße gingen als Zeichen dafür, dass sie sich von denen, die die Aufgabe hatten, die medizinische Sicherheit aller zu gewährleisten, missachtet fühlten. Wer sich hatte impfen lassen, war in den Augen dieser Leute nur »geimpftes Wahlvieh«, gutgläubige Idioten oder Handlanger einer finsteren Elite. Auf diese Weise warf eine Minderheit einer Mehrheit Polarisierung vor: Besser könnte die postmoderne Karikatur des demokratischen Prozesses nicht illustriert werden. Dass dabei sogar Drohbriefe und Morddrohungen in den Briefkästen der Wissenschaftlerinnen und Wissenschaftler landeten, grenzte an Psychose und Terror.

Vor Kurzem kam es in Belgien zu einem beispielhaften Fall, als der Soldat Jürgen Conings drohte, den Virologen Marc Van Ranst zu ermorden. Nachdem Conings in einem Waldstück einen vorher angekündigten Suizid begangen hatte, bei dem er sich mit der eigenen Waffe erschoss, machte ihn eine schwer zu beschreibende Gefolgschaft nicht nur zum heldenhaften Kämpfer gegen die Gesundheitsdiktatur, sondern auch zum Märtyrer der Unzufriedenen und Verschwörungsanhänger, die überzeugt waren, dass »das System« ihn getötet habe. Die Hardliner unter seinen Anhängern klebten faschistische Slogans in Frakturschrift auf ihre Pick-ups, organisierten immer wieder Schlägereien und riefen als Vertreter der *White Supremacy* zu extremistischer Gewalt auf.

Wir haben uns viel zu lange mit der Erklärung abspeisen lassen, dass es sich dabei um Mitglieder von Gesellschaftsschichten handle, die Opfer des globalen Kapitalismus seien. Die populistischen Interessengruppen beklagen ihr Selbstmitleid deshalb so laut, weil sie dann die anderen nicht mehr hören können. Selbst wenn es stimmt, dass der neoliberale Kapitalismus mit seiner symbolischen Gewalt zu Unterdrückung führt und dadurch jene Gewalt hervorruft, die er verurteilt, so kann man Trollen und Schlägertrupps, die zur Ermordung von Virologen aufrufen, kaum ein vernünftiges Verhalten zuschreiben. In diesem Sinne stellten die Demonstrationen der Impfgegner, die immer wieder in Chaos und Gewalt endeten – wofür die angeblich »friedliebenden Organisatoren« die Verantwortung stets von sich wiesen –, eine unverhohlene Parodie der weltweiten Klimademonstrationen dar – eine Karikatur der revolutionären Menge, die einen dringenden Wandel fordert. In den letzten Jahren reden wir immer öfter aneinander vorbei, und der Grund dafür liegt im Folgenden: Töpfe werfen den Kesseln gemeinhin vor, schwarz zu sein, dabei sind, in Anlehnung an Hegels in der *Phänomenologie des Geistes* erwähnten Witz von den schwarzen Kühen, sowohl Kessel als auch Töpfe in der Nacht schwarz. Und genau darauf will der radikale Sophist hinaus und triumphiert: Siehst du, wir sind alle gleich schlecht. Und er lacht, weil das gleichzeitig das Ende jeder Möglichkeit einer strukturierten Kritik bedeutet.

Dieser scheinbar revolutionäre Widerstand gegen das gesundheitliche Allgemeinwohl fand sich merkwürdigerweise manchmal sogar aufseiten der kritischen Intellektuellen, Klima-Aktivisten und ökologischen Progressiven, die behaupteten, dass das Gemeinwohl ein abgekartetes Spiel sei, was aber außer ihnen niemand erkenne. Der sonst so feinfühlige italienische Philosoph Giorgio Agamben wurde in seinen während der Pandemie erschienenen und unter dem Titel *An welchem Punkt stehen wir? Die Epidemie als Politik* zusammengefassten »Interventionen« nicht müde zu wiederholen, dass die Sicherung der allgemeinen Gesundheit durch den Staat nur der Deckmantel für eine angestrebte totalitäre Beherrschung freier Individuen sei. Von Heideggers Lehre des »Sein zum Tode« ausgehend, wonach der Mensch zum Tode geboren sei, riefen gewisse progressiv-intellektuelle Kreise mit einem an Nietzsche erinnernden Pathos aus, dass wir den Tod nicht mehr genug würdigen, dass wir uns zu sehr vor unserer relativen Existenz schützen, dass Impfstoffe lebensfeindlich seien und das wahre Leben ohnehin darin bestehe, Risiken einzugehen. Auch wenn sich die These vom Niedergang des spontanen Vitalismus symbolisch zu bewahrheiten schien, in einer Gesellschaft, die mit ängstlich festgezurrten Masken die körperliche Nähe der anderen mied wie die sprichwörtliche Pest, ließ sich damit die moralische Frage, was uns eigentlich schütze und was uns gefährde, nicht beantworten. Manche gingen so weit zu behaupten, dass die Übersterblichkeit während der Pandemie ein probates Mittel gegen die Überbevölkerung sei, also ein Pluspunkt im Kampf gegen den Klimawandel. Für sie war der Humanismus dadurch gleich miterledigt.

Einige Denker haben den Widerstand gegen den Gesundheitsstaat zu ihrer neuen Erweckung erklärt. Sie sehen in dem durch die Medizin beschützten Menschen ein Opfer des totalitären Staats. Natürlich müssen wir kritisch hinterfragen, wie das allgemeine Recht auf Gesundheit gewahrt werden kann, ohne sich von multinationalen Unternehmen oder von Big Pharma abhängig zu machen, die ihre Monopole missbrauchen: Wie lässt sich verhindern, dass die Sorge für die anderen in den Klauen des zynischen Neoliberalismus endet? Man sollte auch bedenken, dass die flächendeckende Einführung eines QR-Codes von Menschen mit bösen Absichten leicht missbraucht werden und einer totalitären Kontrolle Vorschub leisten könnte. Doch der wahre Grund für einen Teil der öffentlichen Ausschreitungen während der Corona-Pandemie lag in der widersprüchlichen Tatsache, dass man sich der absoluten Freiheit gerade in dem Moment radikal und antipolitisch bedienen wollte, als die medizinische Kontrolle zum Schutz der öffentlichen Gesundheit das Gebot der Stunde war. Kritik und Krise illustrierten dabei eindeutig die negative Dialektik, in die sie sich verstrickt hatten.

Freiheit und Identität

Zwei Wörter haben sich in den letzten Jahren einen Beliebtheitswettbewerb geliefert: Freiheit und Identität. Für die Generation der 68er war Freiheit das absolute Lieblingswort, alles drehte sich um die Befreiung von alten bürgerlichen Werten, um die totale Autonomie. Auf der rechten Seite des gesellschaftlichen Spektrums liebte man damals den Begriff der Identität: Zunächst sollte man sich einem Volk zugehörig fühlen, sich also als Flame, Niederländer, Franzose, Pole oder Ungar verstehen, der Rest käme dann von selbst: »Das Eigene ist immer das Beste.« Der postmoderne Nationalismus erlebte eine Blütezeit. Inzwischen wissen wir, dass *nicht* alle, die identitär einem bestimmten Volk zuzurechnen sind, es damit auch automatisch besser haben als früher. Identitäres Denken bietet keine Antwort auf die Probleme von Globalismus, Klimaerwärmung, Pandemie, der Abwanderung von Arbeitskräften in Niedriglohnländer, Migration und Neoliberalismus.

Durch die von den 68ern begründeten Befreiungsbewegungen und kritischen Kulturwissenschaften schenken wir Minderheiten und ihren Problemen und Forderungen mehr Aufmerksamkeit. Auch Minderheiten haben ein Recht auf Freiheit, und ihre Emanzipation darf der Emanzipation der anderen in nichts nachstehen. Freiheit wurde damit zu einem Begriff, der diskutiert werden konnte. Jetzt bezog er sich auch auf Dinge, die nur für bestimmte Gruppen galten. Die idealistisch erscheinenden Kulturwissenschaften brachten zudem eine Ernüchterung mit sich, was den universalistischen Traum des Humanismus betraf. Obwohl wir gerade erst damit begonnen hatten, die Menschenrechte zu universalisieren, trieben die Kulturwissenschaften nun erneut eine Partikularisierung voran. So warf beispielsweise eine radikale Sektion des afrikanischen Feminismus westlichen Feministinnen, die sich für ein Verbot der weiblichen Beschneidung einsetzten, Postkolonialismus vor. Sie würden sich zu gegebener Zeit selbst um das Problem kümmern. Freiheit implizierte jetzt nicht mehr nur gleiche Freiheit für alle, sondern auch einen Kampf um kulturelle Souveränität. Je öfter kulturelle Gruppen das Dogma der Freiheit für eine Bevormundung des Westens hielten, desto vernehmbarer wurde im Ruf nach Freiheit ein defensiver Unterton. Mit jeder aktivistischen, kulturellen oder politischen Gruppierung, die den Begriff der Freiheit anders definiert, gerät der Begriff der universellen Freiheit stärker in die Krise. Als Folge davon beanspruchten ausgerechnet jene Menschen den Begriff der Freiheit für sich, die mit der Freiheit derer, die anders sind als sie, wenig am Hut haben. Freiheit verband sich mit dem Aufruf, jedem zu misstrauen, den man nicht als gleichgesinnt erachtete.

Hannah Arendt bemerkte in ihrem Essay *Die Freiheit, frei zu sein,* der 2018 erstmals publiziert wurde, zu Recht, dass Freiheit nicht nur eine zwangsläufige Folge jeglicher Form der Befreiung sei. Freiheit stelle sich auch ein durch die Achtung der Menschenrechte oder den Sieg über Armut und Not. Daraus ergibt sich die Frage, *wovon* der Mensch sich überhaupt befreien will und was der Ruf nach individueller Freiheit für eine Gesellschaft bedeutet, die Freiheit auch als eine Form der Solidarität versteht. Wenn die Überwindung von Armut und Not tatsächlich eine Voraussetzung für Freiheit ist, wie Arendt schreibt, dann ist auch die Überwindung von Krankheit und Ansteckungsgefahr ein Grundrecht und ein Ausdruck der Freiheit. Die extreme Rechte verwandelte die Freiheit in gewissem Sinne in einen anti-emanzipatorischen Kampfbegriff, weil ein ausgehöhlter Freiheitsbegriff jeder politischen Macht entbehrt und die bestehenden Strukturen untergräbt, die einst geschaffen worden sind, um eine kollektive Freiheit zu garantieren. Eine radikale Freiheit, so sagt Hegel zu Recht, sei an keine Idee des Guten gebunden: Sie existiert nur um ihrer selbst willen – und birgt schon dadurch ein Gewaltpotenzial.

Mit dem Begriff der Identität verhält es sich genau umgekehrt. Auch im Kulturkampf progressiv denkender Minderheiten hat sich eine neue Form des Identitätsdenkens herausgebildet, ich meine beispielsweise in Gender- oder Race-Fragen. Dabei wird ein Recht auf eine eigene erkennbare Identität eingefordert, die sich ausdrücklich von der Identität der anderen unterscheidet. Das alte Ideal der universellen Gleichheit wird nun als *White Supremacy* oder als eine naive postkoloniale Illusion abgetan – mit dem Ergebnis, dass Minderheiten in unserer Gesellschaft, sosehr sie sich auch um Emanzipation bemühen, anfingen, identitär zu denken. Die Mitglieder dieser Gruppen grenzen sich unter Berufung auf ihre sexuelle Orientierung, ihren kulturellen Hintergrund, ihre Hautfarbe, ihr Anderssein im Kampf um Gerechtigkeit immer mehr von den anderen ab. Wobei ich niemals die Legitimität und Notwendigkeit des Kampfs um Gerechtigkeit in Zweifel ziehen würde. Doch auf diese Weise wird die *Differenz* wieder zum Kriterium unserer sozialen Beziehungen und der gegenseitigen Beurteilung, nicht die Idee der Gleichheit, die inzwischen verdächtigt wird, etwas Altmodisches zu sein oder einen falschen Universalismus zu vertreten.

Es ist jedoch gefährlich, die utopische Idee der universellen Gleichheit aufzugeben und von nun an auf Differenz zu setzen statt auf Gemeinsamkeiten. Denn das führt dazu, dass der alte Kampf um Emanzipation von nun an streng getrennt voneinander verläuft: Ich bin anders, und du hast nicht das Recht, dazu etwas zu sagen. Damit unterliegt alles einem neuen Tribalismus. Die früheren Ideologien lösen sich in Luft auf und mit ihnen die Hoffnung auf »Objektivität« – an ihre Stelle treten »Stammeskriege« auf der Grundlage kultureller Positionen. Kultureller Tribalismus wird dann zur direkten Bedrohung der inklusiven Gesellschaft, wenn, wie an einigen amerikanischen und britischen Universitäten geschehen, die Werke eines »männlichen weißen Autors« wie Shakespeare in Ungnade fallen, weil seine Werke Gefühle bestimmter kultureller Gruppen verletzen könnten. Das zeigt, wie schnell sektiererische Paradigmen unverhohlen in Zensur umschlagen können. Es wäre besser, die postkoloniale Korrektur des westlichen Kanons würde nicht mithilfe von *cancelling* oder Tabus erfolgen; denn rasch kann dann aus einem inklusiven Denken ein Ausschlussdenken werden. Zwar ist in unserem Zeitalter der großen Verschiebungen der Kampf um die Hegemonie kultureller Normen notwendiger denn je, doch dann mit Offenheit und Toleranz dem Althergebrachten gegenüber.

Dass man sich mithilfe von Literatur in die Lebenswelt Andersdenkender einfühlen kann – eine Grundvoraussetzung für das Zusammenleben in Zeiten der Diversität –, darf nicht als eine Art kulturelle Aneignung verurteilt werden. Wenn Kunst nicht als kulturelle Aneignung, sondern als ein Ausdruck der Empathie verstanden wird, kann sie im Idealfall ein größeres Verständnis für die psychische und physische Verfassung des anderen bewirken. Der heutige sexuelle Aktivismus, bei dem wir uns explizit als zu einer bestimmten Subgruppe zugehörig bekennen sollen, hätte Renaissancemenschen wie Michelangelo, Da Vinci und Caravaggio übrigens sehr befremdet: Ihre Kunstwerke verführen uns ja gerade deshalb, weil ihre Körper etwas Transerotisches besitzen und von ihnen eine fließende und transgressive sexuelle Energie ausgeht, die unsere Fantasie anregt. Dass in unserer grenzenlosen Fantasie alles möglich ist, macht die plastische Sprache dieser Künstler ja gerade so universell und suggestiv. So befreiend es ist, sein Anderssein ungehindert ausleben zu können, so einengend ist es, sich auf eine durch den Aktivismus vorgegebene Definition des eigenen libidinösen Verlangens beschränken zu müssen. Dem stets komplexer werdenden Buchstabenkürzel für die emanzipatorische queere Bewegung – aktuell LGBTQIA+ – ist aufgrund der nahezu bürokratisch anmutenden, auf sexueller Differenzierung beruhenden Etikettierung der identitäre Backlash praktisch schon eingeschrieben, der in Zukunft zu einer Unterdrückung statt zu einer Befreiung des sexuellen Begehrens führen dürfte. Es ist, als sollte unsere sexuelle Orientierung einem Benennungszwang geopfert werden, der der Freiheit unserer sexuellen Fantasie diametral entgegensteht. Auch wenn dieses Paradox für viele noch nicht zu erkennen ist, mit der Zeit wird seine negative Dialektik immer deutlicher sichtbar werden. Diskriminierendes Denken beruhte schon immer darauf, Differenzen zu betonen. Die frühe Aufklärung träumte von einer idealistischen Offenheit, frei von Zuschreibungen, die den Menschen dazu zwingen, nur einen Teil seines Selbst auszuleben. Gleichzeitig liegen das Poetische und der offene Charakter des Begehrens doch gerade darin, was für einen selbst und für die anderen nicht benannt werden kann. Damit droht die sexuelle Emanzipation, obwohl sie so gerechtfertigt wie notwendig ist, der identitätspolitischen Engführung zum Opfer zu fallen. Und das, obgleich die Geschichte uns gelehrt hat, dass durch das explizite Kennzeichnen einer Gruppe deren Stigmatisierung erleichtert wird und sexistische und traditionalistische Milieus vulnerable Gruppen noch leichter diskriminieren können. Das bedeutet, dass auch die Verteidigung der Diversität ein ununterbrochener, überaus fragiler und dialektischer Prozess der Inklusion und Exklusion ist.

Genau so verhält es sich bei der Differenzierung durch Hautfarbe und Kultur. Es ist durchaus ein Akt der Emanzipation, auf Unterschiede hinzuweisen – doch sollte nicht vergessen werden, dass das Prinzip der »Rassifizierung«, eines auf der Konstruktion von »Rassen« basierten Unterschieds, eine Grundfeste der kolonialen Dominanz war. Auch wenn viele die Poster der Benetton-Reklame, auf der in den frühen 1980er-Jahren junge Menschen verschiedenster Hautfarben unbekümmert nebeneinander posierten, für naiv halten mögen, so bleibt die Ökumene die einzig praktikable Alternative. Die kulturellen Unterschiede ganz zu ignorieren ist jedoch nicht weniger problematisch. Wer fordert, dass das Werk der afroamerikanischen Dichterin Amanda Gorman von einer Übersetzerin mit dunkler Hautfarbe zu übersetzen sei, folgt nicht nur der Logik des rassistischen Denkens, sondern ist auch naiv genug zu glauben, dass die Kultur der *People of Color* überall die gleiche sei. Gormans Rhetorik speist sich aus der Tradition der amerikanischen *Black Church*, zu der europäische *People of Colour* nicht zwangsläufig eine Affinität haben. Meine nigerianische Nachbarin gestand mir einmal, sie habe Schwierigkeiten mit der Mentalität der Bewohner des Brüsseler Viertels Matonge: Als anglophone Afrikanerin fühle sie sich in dem französischsprachigen afrikanischen Kontext des Viertels nicht willkommen. Mit anderen Worten: Die postkolonialen Unterschiede, die *People of Color* bis zum heutigen Tag voneinander trennen – sosehr diese Trennungen die Folge einer Politik sind, die die betreffenden Gemeinschaften nicht frei gewählt haben –, legen nahe, die Hautfarbe als Zeichen der Differenz nicht global anzuwenden. Zu schnell laufen wir Gefahr, durch die Betonung dieses Unterschieds die angestrebte Gleichberechtigung aller zu untergraben. Wie aber sollen wir nun mit den Prinzipien Identität und Freiheit umgehen? Dafür gibt es leider keine eindeutig »richtige« Haltung. Im globalen Kontext verschiebt sich alles, und unser inneres Gespür für Menschen, Empfindungen und Situationen verschiebt sich mit.

Das hoffnungslos Männliche

Freud hat uns das Wiener Märchen von der Frau als dem hysterischen Wesen aufgetischt, aber man braucht heute nur die Augen aufzumachen, um zu wissen, wie es sich wirklich verhält: männliche Hysterie allenthalben. Männer, die früher oft ein Musterbeispiel der Würde und Zurückhaltung pflegen sollten, fluchen, schreien und prügeln sich gegenwärtig im öffentlichen Raum aus den trivialsten Anlässen um die Wette. Pflegepersonal, Ärztinnen und Ärzte, Lehrkräfte, Sozialarbeiterinnen und Sozialarbeiter, um nur einige zu nennen, klagen darüber, dass sie zunehmend heftigen Aggressionen ausgesetzt sind. Das Wort »Testosteronbombe« besitzt inzwischen eine eigene, zweifelhafte Geschichte. Die Massenhysterie der Fußballfans im Stadion ist zu einer Massendroge geworden, wobei das Brüllen von rassistischen Slogans offenbar zum Höhepunkt des männlichen Zusammengehörigkeitsgefühls und der Ekstase gehört. Bei diesen Ritualen wird das Adrenalin jedoch nicht mittels der Erfahrung einer eigenen, realen Leistung erzeugt, was bedeutet, dass es vollkommen zwecklos produziert wird und nach dem Spiel kein Ventil findet. Anstatt Energien zu kanalisieren, ruft es, vor allem bei sozial vulnerablen Gruppen, ungerichtete Aggressionen hervor. Wer selbst kein Sportheld ist und stattdessen einen solchen kritiklos bewundert, der klammert sich an das Machotum als Placebo des »wahren« Helden. Der Backlash des männlichen Testosterons speist sich aus dieser ziellosen mimetischen Gewalt und endet vor allem nachts in der sinnlosen Zerstörung ganzer Straßenzüge.

In ihrem Buch *Citadels of Pride: Sexual Abuse, Accountability, and Reconciliation* geht Martha Nussbaum näher auf diese enge Verbindung zwischen dem Bild des Sporthelden und dem toxischen Machotum ein. Während wir noch über den Anstieg des Meeresspiegels spekulieren, steigt unbemerkt ein ganz anderer Ozean spektakulär an: der des toxischen Adrenalins. Dieser Neurotransmitter, der bei erhöhtem Stress ausgeschüttet wird, ist heute eine Volksdroge und wird rund um die Uhr in Überdosen konsumiert. »Ausrasten« ist ein Synonym für die höchste Ausdrucksfähigkeit geworden. Börsenspekulanten, die sich vor Verzweiflung die Haare raufen, weil sie drei ihrer sechsunddreißig Millionen von einem virtuellen Handelsplatz zum anderen verschieben müssen, Männer, die in Supermärkten das Personal mit ihrem Einkaufswagen derart malträtieren, dass es ins Krankenhaus muss, Reisende in vollgestopften Zügen, die bei der Frage des Schaffners nach der Zugfahrkarte explodieren – solche Szenen erhöhen das tägliche Stressniveau einer Gesellschaft enorm. Der öffentliche Raum ist heute eine Arena für aggressive Entladungen, wogegen er früher eine Schule der Selbstbeherrschung war. Die Wahrnehmung dessen, was soziale Erfahrung genannt wird, hat sich damit merklich verschoben. Während die Gesellschaft in ihrem Bedürfnis nach Regelungen einst vom Ich verlangt hat, sich für die anderen zu mäßigen, lebt der männliche Mann von heute davon, das eigene Ich zu verabsolutieren und dem Ich des verabscheuten anderen entgegenzusetzen.

Diese feindliche Beziehung zwischen Außenwelt und Ich findet sich unmissverständlich im 2. Zusatzartikel zur Verfassung der Vereinigen Staaten, einem Relikt der Kolonisierung, das jedem das Recht einräumt, eine Waffe zu tragen, um sich gegen mögliche Angriffe von anderen verteidigen zu können. Damit wurde das soziale Spielfeld unwiderruflich von etwas infiziert, was man den Tod des Dialogs nennen könnte: der Waffe. Wo der Einsatz einer Waffe am Horizont droht, hat ein sokratischer Dialog kaum Chancen. Die Androhung physischer Gewalt und toxischer Männlichkeit äußert sich als symbolische Gewalt auch in jenen öffentlichen Räumen, in denen früher die Regeln der Selbstbeherrschung und der Zurückhaltung galten. Dass Vorgesetzte die Karrieren ihrer Angestellten zerstören, weil diese nicht auf ihre sexuellen Avancen eingehen, ist nichts anderes als die Fortsetzung des toxischen Machotums mit psychologischen Mitteln. Phallokratische Sprache beinhaltet immer die Androhung der damit verbundenen Gewalt. Obwohl die stark angestiegenen Fallzahlen von alltäglicher Gewalt und übergriffigem Verhalten auf eine größere sexuelle Transparenz zurückzuführen sind – was früher totgeschwiegen wurde, kommt heute dank aktivistischer Frauen schneller ans Licht –, geht es hier noch um mehr: um den Maskulinismus. Er ist in vieler Hinsicht eine Art Parodie des Feminismus und ein Zeichen dafür, dass die Emanzipation der Frauen eine bestimmte Sorte Mann in Angst und Schrecken versetzt – was dann dazu führt, dass diese Männer ihr toxisches Verhalten nur noch verstärken. Das beweist, dass viele Männer mit dem Übergang zu einer geschlechtergerechten Gesellschaft vollkommen überfordert sind. Oft betrifft das Männer, die ihre Identitäten und Rollen in der Gesellschaft aus welchen Gründen auch immer verloren oder nie besessen haben und die Alternativen, die sich ihnen bieten, für inakzeptabel halten. Die verzweifelte Wut der Macho-Männer ist ein gesellschaftliches Signal: Sie ist die Reaktion auf einen umfassenden soziokulturellen Wandel.

Peter Sloterdijk beschreibt in seinem Buch *Zorn und Zeit*, wie die Trauerverarbeitung früherer Zeiten heute von einer Art Wutverarbeitung abgelöst wurde: Wer enttäuscht wurde, nimmt das nicht mehr zum Anlass, die eigenen Wünsche einer kritischen Prüfung zu unterziehen, sondern richtet seine Aggressionen auf den anderen, der ihn scheinbar an seiner unmittelbaren Bedürfnisbefriedigung hindert – meist verbal, unter Umständen aber auch körperlich. Die bewährte Tugend der Selbstbeherrschung gilt inzwischen offensichtlich als altmodisch und als Merkmal eines »Feiglings, der sich nicht traut«. Ein Mann ohne Selbstbeherrschung wird inzwischen mit den virilen Helden aus den Blockbustern auf eine Ebene gestellt – dabei hielt man noch vor kaum einem halben Jahrhundert einen Mann, der leicht erregbar war, sofort ausrastete und wild um sich schlug, für schwach und »hysterisch«. Es ist immer schwierig nachzuvollziehen, wann psychokulturelle Verschiebungen wie diese ihren Anfang nehmen, sie fallen uns im Allgemeinen erst auf, wenn es zu spät ist und man die Trendwende nicht mehr aufhalten kann. Jedenfalls gilt heute der, der ruhig bleibt und ins Gebrüll nicht miteinstimmt, schnell als arrogant oder als zu schwach, seinen Mann zu stehen.

Die Verschiebung von der sozialen Kränkung zur Macho-Hysterie beeinflusst unser Bild von der heterosexuellen männlichen Identität. Während der kritische Teil der Gesellschaft vor einem halben Jahrhundert noch darauf hoffen durfte, dass die sogenannte Effemination (Verweiblichung) des emanzipierten Mannes zu einem sanfteren, differenzierteren Männerbild führen könnte, sind wir heute täglich mit Beispielen toxischer Männlichkeit konfrontiert, die auf einen umfassenden Verlust an Haltung bei Männern hinweisen und Frauen vielfach als diejenigen erscheinen lassen, die sich durch Selbstbeherrschung auszeichnen. Die Entwicklung des männlichen Selbstbilds zum ungeduldigen Helden hat auf der Ebene der Sexualität den Neurotiker hervorgebracht, der die Frauen nicht in Ruhe lässt und ausflippt, wenn sie auf seine Avancen nicht eingehen. Eine missglückte Anmache schlägt schnell um in Rache für die erlittene Demütigung.

In seinem in den 1970er-Jahren erschienenen aufsehenerregenden Buch *Männerphantasien* stellte Klaus Theweleit die These auf, dass die Ethik des preußischen Militärs auf der Angst vor Frauen beruht. Jedes kleinste Anzeichen einer Verletzlichkeit oder Emotionalität, die eine gefühlvolle Intimität bedeuten könnte, wurde verhöhnt und durch eine Verherrlichung der Männlichkeit ersetzt. In seiner Analyse von Romanen aus der Zeit vor dem »Dritten Reich« kam Theweleit zu dem Schluss, dass das übersteigerte Männlichkeitsideal der alten Soldatentugenden die Grundlage für das Ethos der Nazis bildete: Sei stets auf der Hut, deute jede

Intimität als Zeichen der Verweichlichung oder der Schwäche, denn dadurch droht dir der Tod auf dem Schlachtfeld. Auf diese Weise wurde die Frau in der Vorstellung der Faschisten zum Symbol einer verdrängten Angst vor dem Tod. Wenn die Frau nicht radikal zum Objekt herabgewürdigt würde, trüge sie möglicherweise die Schuld am Tod des »verweichlichten« Soldaten. Nichts ist gefährlicher für den Krieger-Helden, als im anderen ein vollwertiges Subjekt erkennen zu müssen. Der Wunsch nach der Nähe einer anderen Person ist gewissermaßen der Vorbote der Kapitulation und muss mit aller Kraft bekämpft werden; nichts ist lächerlicher und jämmerlicher als ein verliebter Soldat. Neben der angebeteten fernen Mutter gab es nur noch die verachtete Prostituierte – und mit der Verachtung Letzterer wurde im Grunde auch die eigene Sexualität verachtet. Dagegen wurden die Pferde der Soldaten mit fast erotischen Worten besungen – samtweiche Haut, anmutige Bewegungen, sinnliche Lippen, lange Beine. Das Verdrängte suchte sich ein Ventil im hypostasierten Sexismus und der Verherrlichung der »edlen« Gewalt. Der Narzissmus des Macho-Kriegers beruht auf der Angst vor Selbstverlust und Selbstaufgabe und hat wenig mit Selbstrespekt zu tun: Er bedeutet die Zerstörung des starken männlichen Charakters, der doch mit aller Macht als Vorbild angestrebt wird.

Die modernen Heldendefinitionen sind Überbleibsel dieses Kults. Was früher der Soldat war, ist heute der Macho-Rapper, der Sportheld, der abgebrühte Börsenspekulant, der Alphamann mit dem coolen Auto, das Großmaul, das mit seinen Kumpeln über Frauen herzieht und dabei, altbekannt in der Psychoanalyse, die Frau verachtet, die er eigentlich begehrt, deren Anwesenheit aber sein Selbstvertrauen erschüttert – was er vor seinen Kumpeln tunlichst verbergen muss, damit sie ihn nicht auslachen. Vielleicht ist das auch ein Grund für die Gewalt gegen Frauen, Homosexuelle, Transgender-Personen und andere erotisierende Mitmenschen. Für den ängstlichen Macho darf nur existieren, was ihn selbst bestärkt, das sexuell andere bedroht seine unsichere Identität und erregt Wut in ihm. Fraglich ist, ob hier wirklich von einer »nachapokalyptischen Zornverarbeitung« die Rede sein kann, wie Sloterdijk mit ironischem Pathos schreibt. Sicher ist jedoch, dass sich durch die gegenwärtige Verstärkung des Macho-Verhaltens gut erkennen lässt, wie gekränkter Maskulinismus aussehen kann: wie ein HB-Männchen voll aufgestauter Wut. Die gesellschaftliche und sexuelle Rolle der Männer hat sich verändert: In einer Gesellschaft, die von einer entfesselten neoliberalen Meritokratie bestimmt wird, erfahren sie soziale Frustration und haben das Gefühl, dass der hart arbeitende Mann nicht mehr geachtet, sondern »gedemütigt« wird. Sie befürchten, dass sich die Rolle des edlen Beschützers überlebt hat, weil Frauen immer unabhängiger und selbstsicherer werden. Das alles führt dazu, dass einerseits der toxische Maskulinismus zunimmt und andererseits den Möglichkeiten von sozialem Engagement oder gezieltem politischen Aktivismus eine Absage erteilt wird; das Ganze ist eine Parodie des gesellschaftlichen Protests.

Die Geschichte beweist, dass erfolgreiche soziale Bewegungen niemals nur Ausbrüche zwecklos verschwendeter, von Frustrationen ausgelöster Energien sind, sondern meist wohldurchdachte Bündelungen legitimer Empörung. Wenn Letzteres nicht der Fall war, schlug die historisch revolutionäre Gewalt in Selbstzerstörung und Freiheit in Terror um. Bezüglich der Französischen Revolution stellte Hannah Arendt fest: »Gerade ihnen muss an diesem Schauspiel sofort aufgefallen sein, dass keiner der Mitwirkenden den Gang der Ereignisse in der Hand behielt, dass dieser in einer Richtung verlief, die mit den ursprünglichen Zielen und Zwecken der Handelnden so gut wie nichts mehr zu tun hatte, ja dass diese sich offenbar in allem, was sie nun wirklich taten, der anonym waltenden Kraft des revolutionären Prozesses unterwerfen mussten, um nur überhaupt sich zu behaupten.« Die revolutionäre Macht sah sich immer schon von einer toxischen Männlichkeit bedroht, die in unkontrolliertes, enthemmtes Verhalten ausarten konnte. Wie Frauen auf solch männliche Gewalt reagierten, ist in unserer Kultur jedoch kaum überliefert. In den griechischen Tragödien war das noch anders: Dort spielten Frauen wie Medea, Helena, Antigone, Klytämnestra und Elektra durchaus die Rollen der Rächerinnen, selbst wenn es ihren Untergang bedeutete. Ein unvergesslicher Fall bildete die Figur der Charlotte Corday. Sie stammte aus dem normannischen Caen und machte sich im Sommer 1793 auf den Weg nach Paris, um dort den Hass und Gewalt predigenden Journalisten und Revolutionär Jean-Paul Marat in seiner Badewanne mit einem Küchenmesser zu erstechen. Sie konnte die Gewalt und das sinnlose Morden nicht mehr ertragen. Vom gleichen Hass gegen die männliche Gewalt war in der griechischen Mythologie Klytämnestra getrieben, als sie ihren Mann Agamemnon ebenfalls während eines Bades tötete, weil er die gemeinsame Tochter geopfert hatte, um einen Krieg zu gewinnen. In beiden Fällen ist es bemerkenswert, dass ein Mann getötet wird, während er so verletzbar ist wie ein Säugling: nackt im Bad. Hier wie dort bestrafen Frauen Männer für sinnlose Gewalt und das im Moment äußerster Verwundbarkeit. Vor einem solchen überraschenden, unbewachten Moment der Verletzbarkeit hat der Macho-Mann bis heute eine Heidenangst.

Beide Geschichten besitzen eine allegorische Bedeutung: Toxische Gewalt macht den Anspruch, gerecht zu handeln, zunichte. Man denke dabei an die vom QAnon-Unsinn geblendeten Angreifer auf das US-Kapitol oder den berüchtigten Schwarzen Block, das heißt, die schwarz gekleideten radikalen Demonstranten, die politische Demonstrationen gern in eine Orgie blinder Zerstörungswut ausarten lassen, was sie dann als »Krieg gegen die Polizei« bezeichnen. Dennoch ist die toxische männliche Wut in diesen Beispielen wohl weniger ein Ausdruck der Stärke als ein Zeichen der Ratlosigkeit und des Fehlens einer politischen Bündelung der Kräfte, die sich angesichts der berechtigten Kritik an Missständen auf den Straßen längst etablieren müsste. Damit untergräbt die hysterische Männlichkeit auch ihre potenzielle soziale Legitimität, weil sie ihr Abreagieren fälschlicherweise für eine Form des politischen Handelns hält. Blinde Gewalt stärkt jedoch nur die bestehende Staatsgewalt, die diese zum Anlass nimmt, härter durchzugreifen.

Wut kann Martha Nussbaum zufolge durchaus ein Mittel des sozialen Handelns sein, aber sie wird sinnlos, wenn sie lediglich aus Rache besteht. Diese Rache ist nichts anderes als der Untergang des antiken *thymos* – des stolzen und leidenschaftlichen Bedürfnisses des Menschen, sich mit anderen zu messen. Die Bewegung der *Incels,* der »unfreiwillig zölibatär« lebenden Männer, die den Frauen ausgerechnet das absprechen, was sie sich selbst nicht mehr trauen – verführerisch zu sein, statt einfach nur zu fordern –, beweist, dass die toxische Männlichkeit auch auf dem Gebiet der Intimität ihr eigenes Scheitern hervorbringt. Die Emanzipationsbewegungen der zweiten Hälfte des vorigen Jahrhunderts ließen die sexuelle Intimität zur öffentlichen Angelegenheit werden, was dazu führt, dass sich Männer, die früher als harte Kerle auftraten, heute nicht nur ihren potenziellen Partnerinnen gegenüber blamiert fühlen, sondern, durch das impulsive Urteil in den sozialen Medien, auch auf der gesamten virtuellen Weltbühne. Die Demütigung, gefolgt vom Selbstmitleid des Helden, verwandelt sich in eine Parodie der Gerechtigkeit: Denn wer sich über das beklagt, was er selbst verschuldet hat, wiederholt die Tragikomödie von Ödipus, der im Palast von Theben laut herausbrüllte, denjenigen finden zu wollen, der seinen Vater ermordet habe. Dass er die Worte des Wahrsagers Tiresias, er müsse es eigentlich am besten wissen, nicht deuten kann, ist, wie so oft in der griechischen Tragödie, voll vielsagender Ironie: Schließlich war der blinde Tiresias sowohl Mann als auch Frau. Als genderfluider, eingeweihter, alle Seiten verkörpernder Mensch erkannte er die eigentliche Triebkraft eines Mannes: das zu zerstören, was ihm das Recht auf Genugtuung verleiht. Und hier war Freud wiederum sehr hellsichtig, als er in der Haltung des Ödipus das

Schicksal aller Männer widergespiegelt sah, die sich keiner Psychoanalyse unterzogen haben. Nur wusste Freud offensichtlich selbst auf dem Sterbebett nicht so recht, was er da entdeckt hatte – seine berühmte Frage: »Was will das Weib?«, hätte mit dem Bewusstsein der männlichen Ausweglosigkeit beantwortet werden müssen, die in seiner eigenen Frage widerhallt –, denn wo will der Mann eigentlich hin, wenn er vom Begehren spricht?

Agonismus und Aktivismus

Politisches Handeln, sagt die belgische Politologin Chantal Mouffe, darf nicht verstanden werden als ein zäher Dialog innerhalb eines kritischen linken Konsenses, sondern als Kampf um die politische Hegemonie, die eine größere soziale Gerechtigkeit zum Ziel hat. Im Streben nach Konsens in einer neoliberalen Welt – ökonomischer Globalismus braucht nun einmal so viel Zustimmung wie möglich – sieht Mouffe eine Schwächung der politischen Schlagkraft. Sie plädiert stattdessen für einen strukturierten Dissens, denn politische Konflikte können durchaus zu positiven Resultaten führen. Sie hält die Welt des amerikanischen Politologen Francis Fukuyama, in der sich Gegensätze zugunsten eines globalen neoliberalen Status quo auflösen, für eine verhängnisvolle Illusion. Doch auch Samuel Huntingtons Pessimismus bezüglich eines Kampfs der Kulturen ist in ihren Augen politisch wenig wirksam.

Der öffentliche Raum wird immer ein Ort des Streits sein, und wer darauf hofft, dass unsere Öffentlichkeit jemals eine inklusive, einstimmige »Innenwelt« werden könnte, nimmt unbewusst Enttäuschungen und Unbehagen in Kauf, weil die anderen dieses Ziel immer vereiteln werden: Denn entgegen den Überzeugungen beispielsweise eines Jürgen Habermas wird der öffentliche Raum niemals ein konfliktfreier, kommunikativer Raum sein. Ebenso wenig wird es ein postrevolutionäres Paradies der ewigen, friedlichen Demokratie geben. Die Kämpfe um die Geltungshoheit widersprüchlicher Vorstellungen und Erkenntnisse werden niemals enden – aber Demokratien müssen ja auch nicht notwendigerweise intersubjektive Echoräume Gleichgesinnter sein. Je mehr ein Mensch »mit guten Absichten« der Ansicht ist, dass das »Gute« und moralisch Richtige so etwas wie universelle Kategorien darstellen, eine desto größere Feindschaft wird er für diejenigen empfinden, die seine Überzeugungen nicht teilen. Hier werden die anderen schnell zu einer »Achse des Bösen«, wie Präsident George W. Bush das einst nannte.

Die Subjektivierung der Moral, die einmal objektiv gewesen zu sein scheint, sorgte in den vergangenen Jahrhunderten für Aggressionen, deren Auswirkungen wir heute noch auf den Straßen spüren können. Es gibt keine wertfreie oder »postideologische« Weltordnung, aber auch keine souveränen Nationen mehr, jedenfalls nicht in ökonomischer und sozialer Hinsicht. Die neoliberale Welt bringt Weltbürger hervor, die aufgrund der Krisen der Arbeit und des Kapitals in sich stark verändernden Kontexten nach einem neuen Halt suchen, wobei nationale Regierungen nur eingeschränkt eine Rolle spielen. Man kann alle überarbeiteten Uber-Fahrer, Lieferdienst-Kurier oder bei einem Subunternehmen beschäftigten Migranten fragen, sie würden einhellig bestätigen: Der globale Markt ist dabei, den früheren Wohlfahrtsstaat, der die Arbeitnehmenden vor Ausbeutung schützte, abzuschaffen.

Der Sozialismus konnte sich in früheren Zeiten deshalb

profilieren, weil es so etwas wie ein klar umrissenes Proletariat gab. Inzwischen ist weniger eindeutig, wer zur arbeitenden Masse gehört, und sie ist dadurch auch nicht so leicht politisch zu mobilisieren. Es war schon ein merkwürdiger Augenblick, als der französische Linkspopulist Jean-Luc Mélenchon dieselben Viertel von Roubaix besuchte wie die rechtsextreme Marine Le Pen: Beide waren bei den enttäuschten Arbeitern und sozial benachteiligten Bewohnern auf Stimmenfang. In Zeiten der großen geopolitischen Verschiebungen kann eine diffuse intersubjektive Haltung à la »wir, die wir das Recht auf unserer Seite haben«, nicht als klare Basis für ein politisches Handeln dienen, stattdessen fördert sie die Polarisierung. Mouffe glaubt, dass politisches Handeln in einer liberalen Welt nur auf der Grundlage einer fortwährenden Kritik möglich sei, wobei mit den demokratischen Unterschieden respektvoll umgegangen werden solle. Diesbezüglich disqualifiziert sich Marine Le Pen in ihrer Unterscheidung zwischen »wahren« Franzosen und ausländischen Profiteuren sofort. Treffen die unterschiedlichen intersubjektiven Meinungsblasen der Menschen auf die äußeren, harten Fakten der geopolitischen Situation, wenden sich diese oft von kritischen Stimmen ab, da sie ihre einhellige Innenwelt stören. Schon der deutsche Philosoph Ernst Bloch behauptete, dass es keine natürlichen, spontanen Rechte gebe; um jedes einzelne Recht müsse gekämpft werden, jedoch aus einer demokratischen Überzeugung heraus, die Meinungsverschiedenheiten zulässt. Dieser Prozess ist niemals abgeschlossen, Rechte müssen kontinuierlich gesichert und verteidigt werden.

Auch die Klimabewegung hat mit dem Problem der politischen Mobilisierung zu kämpfen. Es ist sinnvoll, auf die individuelle Verantwortung jeder einzelnen Bürgerin und jedes einzelnen Bürgers zu pochen, aber der entscheidende Kampf findet auf der Ebene der geopolitischen Machtverhältnisse statt. Bewusstseinsbildung ist eine Sache, der politische Kampf eine andere. Dass wir unseren ökologischen Fußabdruck im Auge behalten, ist durchaus ein wichtiger Schritt, aber es darf nicht zu endlosen Schuldzuweisungen unter der Bevölkerung führen: Davon profitieren nur die multinationalen Lobby-Gruppen, die ihrer Verantwortung entgehen möchten und wichtige Entscheidungen immer wieder vertagen.

Die moralische Forderung der Klimabewegungen, jede und jeder müsse individuell Verantwortung übernehmen, hat deren politische Schlagkraft dann auch zunehmend geschwächt. Einen demokratischen Konsens dadurch anzustreben, dass Ansichten sich ändern, mag zwar sinnvoll sein, führt aber unter Umständen auch zu Spaltungen. In einem auf Meinungsfreiheit basierenden, liberalen System kann man kaum darauf hoffen, dass am Ende alle gesinnungsmäßig in die gleiche Richtung schauen.

Im Mittelpunkt von Mouffes Denken steht der Begriff des »Agonismus« – damit bezeichnet sie Formen des sozialen Kampfs, die dem Aktivismus ähneln und dennoch eine politische Hegemonie innerhalb des traditionellen politischen Felds anstreben. Im öffentlichen Raum lässt sich Macht nur dadurch gewinnen, dass man politisch Einfluss erlangt, und nicht dadurch, dass man sich ausschließlich in den intersubjektiven Blasen von Gleichgesinnten bewegt.

Ein »Wir« der progressiven Kräfte wird ihrer Meinung nach erst dann wieder entstehen können, wenn man in der Opposition einen politischen Gegner erkennt, den man, ohne ihn als Feind zu dämonisieren, mit allen zur Verfügung stehenden politischen Mitteln offen bekämpft.

Zu versuchen, politische Gegner mit gefühlvollen Strategien zu umschmeicheln, birgt Gefahren. Der schwammige Sprachgebrauch, der verhindern soll, antidemokratische Stimmen vor den Kopf zu stoßen, und die Angst zu polarisieren, verlangen von gemäßigten Bewegungen emotional oft einen Spagat. Rechtspopulistische Parteien wie die AfD, die Partei der Französin Marine Le Pen oder des Vlaams Belang in Belgien profitieren davon. Selbst die Medien fassen sie mit Samthandschuhen an, weil sie der Meinung sind, dass eine richtige Demokratie auch den wenig beachteten Stimmen eine Plattform geben soll. Das hat seine Berechtigung, aber wir unterschätzen dabei, wie sehr diese Haltung dem Extremismus Vorschub leistet. In Flandern hat ein ähnlicher Medienfrieden die extreme Rechte gestärkt, da diese mit populistischen, direkt auf die niedrigsten Instinkte der Zuschauer zielenden Slogans, unverbrämten Lügen und offensichtlicher Sabotage eine faire politische Debatte beispielsweise im Fernsehen unmöglich machte. Die Hoffnung der flämischen Medien, die Parteien würden sich zurückhalten, hatte sich als Trugschluss erwiesen: Verschafft man extremen Stimmen Sendezeit, missbrauchen sie diese sofort, um zu polarisieren. In den französischsprachigen Medien Belgiens sind die rechtsextremen Parteien deshalb schon seit Jahrzehnten von öffentlichen Debatten ausgeschlossen, und faschistische Parteien können dort kaum Fuß fassen.

Die Frage berührt den Kern dessen, was wir unter einer Demokratie verstehen. Bedeutet Demokratie das uneingeschränkte Recht, im öffentlichen Raum jede Meinung kundtun zu dürfen, auch wenn diese möglicherweise demokratiefeindlich ist? Oder sollte eine Demokratie besser restriktiv vorgehen und der Meinungsfreiheit Grenzen setzen? Jedenfalls hat sich gezeigt, dass es kein probates Mittel ist, extremistische Meinungen in den öffentlichen Medien kursieren zu lassen.

Bemerkenswert ist dabei die Diskrepanz zwischen der enormen Anstrengung, mithilfe von Euphemismen weder Minderheiten noch Vertreter radikaler Positionen vor den Kopf zu stoßen, und der hohen beleidigenden Energie, die mit verbalen Grobheiten und Schimpftiraden viele öffentliche Debatten entgleisen lässt. Euphemismus und Beleidigung sind offenbar miteinander kommunizierende Kanäle; sie machen den politischen Kampf zu einem Kampf um Wörter statt um die politische Macht. Wer die Hegemonie über den Gebrauch der Wörter besitzt, besitzt auch den Schlüssel zum politischen Einsatz von Macht. Die Wörter *sind* die Taten, das haben wir in einem halben Jahrhundert postmoderner Politik gelernt. Intersubjektive Zusammenschlüsse aus Unmut, Unbehagen, sozialer Angst und anderen Gefühlen können den gegenwärtigen Populismus beflügeln – sind jedoch politisch vollkommen inhaltsleer.

Das führt dazu, dass rechtsextreme Wähler dauernd beschwichtigt werden, natürlich keine Extremisten zu sein, sondern Menschen, deren soziale und emotionale Frustrationen ernst genommen werden. Was so viel heißt wie: Sie wählen ja nur aus einer nachvollziehbaren Protesthaltung heraus die falsche Partei. Allerdings ist auffällig, dass die politischen Helden dieses Wahlvolks sich faschistoider Aussagen bedienen können, ohne dass sich die Wähler im Geringsten daran stören. Das ist weder eine Kleinigkeit, noch ist es eine Entschuldigung für das Protestwählen gleich welcher Art. Analysen ähnlicher Tendenzen in der späten Weimarer Republik haben gezeigt, dass ein diffuser und von Euphemismen geprägter Umgang mit dem aufkommenden Extremismus den Aufstieg des Totalitarismus damals begünstigt hatte. Wie heute war die Unzufriedenheit mit der schlechten wirtschaftlichen Lage mitverantwortlich dafür, dass eine Politik der Verbitterung entstand, die schließlich in tödlicher Gewalt endete. Die bekannte Einsicht *It's the economy, stupid* ist eine starke Triebfeder, weshalb antidemokratische Tendenzen so heimtückisch sind: Der politisch radikalisierte Bürger ist zu Recht unzufrieden, und diese Unzufriedenheit sollte man unbedingt ernst nehmen. Doch in unsicheren Zeiten ist alles eine Frage der schleichenden Radikalisierung. Bei schweren politischen Auseinandersetzungen landet ein Frustrierter heute leichter auf der Seite der illegitimen Gewalt, wie der Sturm auf das Kapitol am 6. Januar 2021 gezeigt hat. Adornos Prophezeiung scheint sich nun voll und ganz zu bewahrheiten: Sobald Extremisten sich die soziale Unzufriedenheit zunutze machen, um das politische Feld zu infiltrieren, ist der Totalitarismus nicht mehr weit – was später mit den Worten paraphrasiert wurde: Wenn der Faschismus zurückkehrt, dann nicht in einer Uniform, sondern in Anzug und Krawatte.

Viele der heutigen populistischen Bewegungen, die der Empörung über die wachsende Ungleichheit entspringen, bediener sich der Ressentiments, die für das totalitäre Denken des 20. Jahrhunderts charakteristisch waren, und sind dadurch in genau der Negativität gefangen, der sie ihre Mobilisierung verdanken. Der Aufstand der Gelbwesten zeigt das deutlich: Politische Bewegungen, die behaupten, apolitisch zu sein, werden nicht von einem zweckorientierten kollektiven Handeln geleitet, sondern entwickeln mit der Zeit eine wenig fruchtbare Radikalität. Wer das Gefühl hat, dass seine Stimme nicht gehört wird, neigt stets mehr zur Unversöhnlichkeit. Die französische Schriftstellerin Danièle Sallenave kritisierte aus diesem Grund die Verachtung der anständigen Bürger für die Gelbwesten, weil die Demonstranten ihrer Meinung nach angetrieben wurden von einem Gefühl allumfassender Ohnmacht gegenüber der angeblichen Zwangsläufigkeit des Neoliberalismus. Die Gelbwesten-Bewegung erwies sich als machtloser Aufstand der heutigen Armen – ohne wirklich ein Klassenkampf zu sein.

Der französische Soziologe Didier Eribon beschrieb in seinem beeindruckenden Bekenntnis *Rückkehr nach Reims* die Scham und die Entfremdung, die ihn überkamen, als er in das Arbeitermilieu zurückkehrte, dem er entstammte und von dem er sich abgewendet hatte, um ein gefeierter Pariser Intellektueller zu werden. Er schilderte auch, wie er versuchte, Verständnis für seinen Vater aufzubringen, der mit der Politik von extrem rechts sympathisierte. Ähnliches unternahm der französische Autor Edouard Louis in seinem Roman mit dem vielsagenden Titel *Das Ende von Eddy:* Die Herkunft des Protagonisten aus einem sozial benachteiligten Milieu führte bei diesem ebenfalls zu Diskriminierung und Scham. Michel Houellebecq hatte bereits

1994 in seinem prophetischen Buch *Ausweitung der Kampf-zone* ziemlich nachvollziehbar die Verelendung einer neuen Klasse von Abgehängten beschrieben, das heißt, die Welt der kleinen, farblosen Angestellten aus den Vorstädten, ohne Selbstachtung und ohne Aussicht auf ein besseres Leben – und ohne Vertrauen in die Politik. Seine Antihelden beaßen damals nicht einmal das unbestimmte Bedürfnis nach Widerstand – wie die Gelbwesten heute.

In einer Fernsehreportage kam während der Corona-Pandemie eine ungefähr dreißigjährige Französin zu Wort, die ihr Geschäft wegen des Lockdowns schließen musste. Die Frau verlangte unverblümt, der Élysée-Palast müsse niedergebrannt und der Präsident umgebracht werden. Sie schien nicht das geringste Interesse zu haben, ihre eigene Situation zu analysieren oder zu verbessern, sondern war einzig erfüllt vom Gedanken an Rache: Dem Präsidenten gehört die Kehle durchgeschnitten, basta! Und was dann?, fragte der Journalist. Die Frau zuckte die Achseln und zündete sich die nächste Zigarette an. Sie war der Beweis dafür, wie leicht sich die verzweifelten Opfer der sozioökonomischen Verarmung in einer Welt, die behauptet, vom best-möglichen System – der freien Marktwirtschaft – angetrieben zu werden, radikalisieren. Sie lassen sich von blinder Gewalt leiten, die jeder Hoffnung auf Besserung entbehrt: verbitterte Gewalt, die – typisch für die Rhetorik der Franzosen – noch immer mit der Revolution in Verbindung gebracht wird. Es fehlte wenig, und die Frau hätte eine neue Erstürmung der Bastille gefordert. Das alles zeigt, wie sehr die von ökonomischen Zwängen bestimmte Politik gescheitert ist und wie gefährlich es sein kann, wenn die Namenlosen keine konstruktive Alternative zur Rache mehr sehen.

Aus diesen Gründen kann eine ökologische Politik nur dann erfolgreich sein, wenn sie denen die Schuld gibt, die die Umweltverschmutzung verursachen, und die entlastet, die nichts oder wenig dazu beitragen. Diese werden sich gewiss rächen wollen, wenn sie befürchten, die Folgen von Problemen tragen zu müssen, die sie gar nicht verursacht haben. So argumentieren übrigens auch viele Länder des globalen Südens. Die zynische Brandrodung des Amazonas-Urwalds zur Errichtung von Plantagen, die den westlichen Hunger nach Palmöl, Soja und Avocados stillen sollen, geht für sie zweifellos auf das Konto des globalen Nordens. Der ehemalige brasilianische Präsident Bolsonaro verteidigte die Brandrodung des Urwalds damit, dass die Länder des globalen Südens nun zum Zuge kommen sollen. Die ökologische Politik sollte also ihre Haltung in diesem neuen Klassenkampf gründlich überdenken. Das ist der Punkt, an dem der Kassenkampf agonistisch werden kann: Das heißt, man sollte den Gegner nicht mehr als Opfer sehen, sollte ihn entlarven, alle unsichtbaren Mechanismen der Macht offenlegen und sie mit sämtlichen der Politik zur Verfügung stehenden Mitteln klar definieren. So was ist aber für jede soziale Bewegung ein Tanz auf Messers Schneide, denn wer etwas erreichen will, kommt nicht drum herum zu »polarisieren«.

Das beeindruckende Phänomen der Klimamärsche konnte sich zu keinem symbolträchtigeren Augenblick ereignen als unmittelbar vor Ausbruch der größten Pandemie der letzten hundert Jahre: In dem Moment, als die globale

Klimabewegung Gestalt annahm, stand die Welt still, und die Pandemie unterstrich die Dringlichkeit ihrer Argumente. Die Zoonose, die die Pandemie auslöste, erwies sich als der sprichwörtliche Kanarienvogel in der Kohlemine – ein Frühwarnsystem des planetarischen Kahlschlags. Doch leider bremste die Pandemie vorübergehend auch den Elan der Bewegung.

Erstaunlicherweise zeigt sich Mouffe skeptisch gegenüber dem Einfluss partizipativer Bürgerbewegungen, die die Politik mithilfe von Bürgerpanels sanieren sollen: Für sie sind solche Bewegungen Teil einer richtungslosen Politik, die ihrer Meinung nach für die Schwächung der Linken verantwortlich ist. Dagegen zeigt David Van Reybrouck in seinem Buch *Gegen Wahlen. Warum Abstimmen nicht demokratisch ist* und mit seinem Engagement auf der Plattform für demokratische Innovation, G1000, wie sehr Bürgerbeteiligung für ihn ein Heilmittel gegen Radikalisierung ist. Doch die große Herausforderung besteht weiterhin darin, die Kluft zwischen partikularistischer Politik und Aktivismus einerseits und der objektiv wirkenden Macht andererseits zu schließen. Aus diesem Grund wird der Planet auch nicht durch die Gefühle beim Betrachten spektakulär gefilmter Natur- und Tierdokus gerettet werden oder durch Instagram-Videos vom soundsovielten Löwen mit einem Büffelkalb im Maul, auch nicht durch die atemberaubenden Unterwasserbilder von sich paarenden Seekühen oder putzigen Schildkröten, ja nicht einmal durch die Massen gut gemeinter Petitionen, die die Online-Aktivisten von Avaaz auf uns loslassen. Gerettet wird der Planet nur durch eine strukturierte politische Bewegung, die sich der planetarischen Ausbeutung in den Weg stellt. Zweifellos spielt dabei die Sensibilisierung durch die Medien eine große Rolle; nicht umsonst wurde Greta Thunberg zu einer der einflussreichsten Personen der Welt gewählt. Aber solange die Bolsonaros, Trumps, Orbans, Putins und alle anderen unter politischer Macht Kleptokratie und Unterdrückung verstehen, sind sie im Vorteil: Sie kämpfen nämlich ohne Illusionen und ohne Skrupel – und genau das taten in allen alten Tragödien stets die Gegner in der letzten verbissenen Schlacht.

Die Achillesferse des Aktivismus liegt darin, dass man sich der intersubjektiven Cluster und Blasen bedient, die ihrem Wesen nach präpolitisch sind und deshalb ihre politische Form erst noch finden müssen. Aber gerade darin besteht auch ihre mobilisierende Kraft.

Säulen und Blasen

Die Soziale Demokratie, die nach dem Zweiten Weltkrieg entstanden ist, war stets darauf bedacht, gegensätzliche Interessen so gut wie möglich auszugleichen. Es gab eine breite gesellschaftliche Mitte, die in den Niederlanden und Belgien von den konfessionellen »Säulen« bestimmt wurde – in Deutschland von den Volksparteien und einer Politik des sozialen Ausgleichs. Am linken Rand befand sich die sozialistische Bewegung, die sich für die zahlreichen Arbeiterinnen und Arbeiter einsetzte, am rechten die liberal-ökonomische Strömung mit ihrem individualistischen Unternehmerethos und der uneingeschränkten Freiheit des emanzipierten Individuums. Damit herrschte links ein Denken im Dienst der Heteronomie – wir sind alle aufeinander angewiesen, wenn wir eine gesunde Gesellschaft aufbauen wollen – und rechts die Theorie des freien Unternehmertums und Handels. Die christliche Säule, die sich aus allen sozialen Schichten der Bevölkerung komplex zusammensetzte, organisierte sich in vielen westlichen Demokratien buchstäblich um die Kirche herum, versuchte, mit ihrem theologisch diffizilen Gleichgewicht von Freiheit und Gehorsam die Interessen aller zu wahren, und löste nach der altbewährten Maxime des 1992–1999 amtierenden belgischen Premierministers Jean-Luc Dehaene die Probleme erst, wenn sie auftraten. Eine Politik jenseits des abgesteckten Spielfelds war in den »versäulten« Gesellschaften keine Option; die Politik wog erst alle Interessen sorgfältig gegeneinander ab, bevor sie sich daranmachte, die Karten nach einem von vornherein festgelegten Machtverhältnis zu verteilen.

Diese Philosophie ist inzwischen weitgehend veraltet. Der gegenwärtigen Welt, die von einem identitären Verlangen ohne erkennbare Ideologie und einem neoliberalen und multinationalen Wirtschaftssystem geprägt ist, gelingt es nicht, den Sozialstaat vor der Erosion zu bewahren. Von dem Moment an, als multinationale Konzerne reicher wurden als die Staaten, war es vorbei mit den alten gewerkschaftlichen Kämpfen: Seit diesem dramatischen Wendepunkt haben die Gewerkschaften den Zugriff auf grenzüberschreitende, ökonomische Mechanismen, mit denen sie die Arbeiterinnen und Arbeiter beschützen könnten, verloren. Die Öffnung der Grenzen innerhalb der EU hat diesen Prozess radikal beschleunigt: Viele Arbeitnehmende mussten sich jetzt entscheiden, ob sie für Dumpinglöhne arbeiten oder arbeitslos werden wollten. Wettbewerb ist seit Jahrzehnten die Triebfeder des ökonomischen Reichtums, der jedoch in der radikalen freien Marktwirtschaft auch wieder vernichtet wird, weil man damit in Konkurrenz zu Ländern tritt, die ihren Arbeitern und Arbeiterinnen erbärmliche Löhne zahlen. Die gewissenlose Globalisierung bestimmt auch das Verhältnis von Lohn und Lebenshaltungskosten. In ganz Europa müssen immer mehr Arbeitende am Monatsende die Tafeln aufsuchen. Das ist eine erschütternde Feststellung für ein Mitglied der Boomer-Generation wie mich, der seit fast einem halben Jahrhundert die Hälfte des Einkommens in Form von Steuern dem Staat überlässt, damit dieser das Wohl der Allgemeinheit sichert.

Dass die europäischen Linken ihren Einfluss auf Löhne und Arbeit eingebüßt haben, könnte wesentlich zu ihrem Untergang beigetragen haben. Auch dass die enttäuschten Arbeiterinnen und Arbeiter sich politisch nach rechts orientiert haben – von Rot zu Braun, wie man in Frankreich sagt –, könnte damit zusammenhängen. Im rechten Denken angekommen, trafen sie auf die Konkurrenz in Gestalt des Arbeitsmigranten, und der Kampf um Arbeitsplätze wurde zusätzlich noch durch rassistische und identitäre Komponenten vergiftet, die zur Lösung des Problems rein gar nichts beitrugen. Aus westlicher Sicht führte die Globalisierung der Arbeit vor allem dazu, dass hiesige Arbeitsplätze gefährdet wurden.

Doch das war nicht die größte Gefahr. Diese bestand in der Tatsache, dass der Arbeitskampf nicht länger auf der nationalen Bühne geführt werden konnte, wodurch alle Theorien über Arbeit, Identität und Menschenrechte neu durchdacht werden müssen.

Weil wir wissen, dass nicht die Regierungen in Brüssel, Den Haag oder Berlin, sondern vor allem Silicon Valley, die Migrationsproblematik, die Ressourcenknappheit und der Nasdaq bestimmen, welche Rechte den Arbeitenden bleiben, stellen wir fest, dass der Arbeitskampf in der globalisierten Wirtschaft die Arbeitenden in ein enges Korsett zwingt, das in grellem Kontrast steht zu ihren universellen Rechten. Verhandlungen werden deshalb nicht länger gemäß einer Politik geführt, die an Werten und Inhalten ausgerichtet ist, sondern nur noch auf der Grundlage fort-während Anpassungen, wobei jene Partei, der es um Rechte geht, immer in einer schwächeren Position ist als die Partei, für die nur Zahlen zählen. Die zunehmende Ohnmacht der traditionellen Gewerkschaften zeigt sich an der eingeschränkten Wirkung ihrer Streiks, die von den Bürgerinnen und Bürgern vermehrt als Schikane empfunden werden. Dadurch wird ein ehemals politisches Kampfmittel zu einer lästigen Angelegenheit herabgewürdigt, und die Distanz zwischen dem, was objektiv und kollektiv auf dem Spiel steht, und dem, was subjektiv und individuell erfahren wird, vergrößert sich stetig. Das wiederum erhöht die Spannungen in der Gesellschaft und läuft auf eine negative Dialektik hinaus, die kein ideologisches Fundament mehr zulässt.

Als Präsident Macron glaubte, die ökologische Karte ausspielen zu können, indem er kurzerhand die Kraftstoffpreise erhöhte, bewies er, wie sehr er die Dynamik des ländlichen Frankreichs unterschätzt hatte. Mit der Verspottung der Gelbwesten-Bewegung als »*Jojo le gilet jaune*«, die sich zu viel einbildete, war die Weltfremdheit des elitären Bankierssohns, der sich einst für alle Franzosen einsetzen wollte, unverkennbar. Die vielen Arbeiterinnen und Arbeiter, die sich täglich über französische Straßen quälen, sahen mit jedem Cent mehr, den sie für Kraftstoffe ausgeben, die monatlichen Möglichkeiten schrumpfen. Die Fehleinschätzung des Präsidenten hinsichtlich der ökonomischen Auswirkungen seiner drakonischen Maßnahmen führte zu Unmut und Vergeltungsmaßnahmen bei den Massen, die ihrer ohnmächtigen Wut dadurch Ausdruck verliehen, dass sie den Verkehr lahmlegten und wichtige Straßen blockierten. Diese Massen setzten sich aus einer befremdlichen Mischung von Menschen zusammen. Es war längst nicht mehr klar, wer in den Straßen und bei den Autobahnausfahrten Barrikaden errichtete. Diese Wutbürger besaßen nur ein schwaches ideologisches Profil, doch sie bestätigten Friedrich Engels' Diktum, wonach die Menschen erst dann massenhaft auf die Straßen gehen, wenn ihnen keine andere Möglichkeit mehr bleibt. Die gesellschaftliche Spaltung vertiefte sich, und die Klimaproblematik – ihre Lösung mochte noch so dringlich sein – verwandelte sich für diese Menschen zu einem Luxusproblem der reichen Leute, die von der wirtschaftlichen Misere im »echten« Frankreich nicht die geringste Ahnung hatten.

Der neue Klassenkampf bekam dadurch ein verstörendes Antlitz: Anhänger der extremen Rechten und radikalen Linken näherten sich auf der Suche nach der Gunst des Volkes einander immer mehr an. Es gab keine eindeutige Ideologie mehr, an der sich die Massen orientieren konnten, nur noch vielseitige, sich widersprechende Interessen – das unmissverständliche Zeichen einer sich schnell wandelnden Welt.

Deshalb widmen sich heutige politische Protestaktionen vor allem einzelnen Themen und nicht mehr den großen Ideologien: Sie vertreten ganz spezielle, oftmals kurzlebige Anliegen, die sich nicht länger unter eine übergeordnete Ideologie fassen lassen. Inzwischen rufen die Journalisten: Weg mit der alten Dichotomie zwischen links und rechts! Und von den Websites schreit es herab: Her mit der Revolution derer, die keine Stimme haben! Das alles sind Anzeichen einer drastischen Verschiebung in unserem Weltbild. Das führt zum allgemeinen Eindruck, dass der soziale Kampf nur noch aus Gefühlsausbrüchen besteht und keine politische Wirksamkeit mehr besitzt. Meistens konzentriert er sich auf einen ganz bestimmten Missstand oder auf eine einzige Forderung, allerhöchstens formiert sich dabei eine bestimmte »Bewegung«, selten aber geht es noch um die übergeordnete politische Macht, auf die Chantal Mouffe verweist. Auf der einen Seite wollen die sozialen Medien dem Individuum einreden, es sei einzigartig und der ungekrönte Herrscher der virtuellen Welt, der sich durch ein paar Klicks bzw. durch das, was Agamben – mit Verweis auf Foucault – »die Technologien des Selbst« nennt, erschafft. Auf der anderen Seite spüren die Menschen auf der ganzen Welt eine Ohnmacht gegenüber dem globalen Wirtschaftssystem, das sie von Mechanismen abhängig macht, die sie nicht verstehen, geschweige denn kontrollieren können. So kommt es, dass bei den gegenwärtigen Demonstrationen Individuen auf die Straße gehen, die aufgerieben werden zwischen der Forderung nach der kompromisslosen Freiheit, die die »virtuelle Welt« der sozialen Medien ihnen dauernd verspricht, und der Verbitterung darüber, dass sich diese in der »wirklichen Welt« einfach nicht einstellen will.

Angesichts dieser Diskrepanz zwischen Abhängigkeit und Selbstbestimmung können die heutigen Demonstranten nur scheinbar eine Einheit bilden. Die postmodernen Massendemonstrationen haben nur wenig gemein mit den Massenprotesten während des großen Industriezeitalters, als die Menschen von Ideologien und dem Gefühl der Solidarität auf die Straßen getrieben wurden. Heute werden die Massen nicht mehr von einem Weltbild mobilisiert, sondern von Einzelthemen: zu viel Stickstoff in der Landwirtschaft, der schlechte Zustand der öffentlichen Verkehrsmittel, Sparmaßnahmen in staatlichen Einrichtungen, *Black Lives Matter*, genderspezifische Rechte, Wohnungsnot, explodierende Mieten, zu hohe Kraftstoffpreise, Impfpflicht. Die Demonstranten einer solchen »Massenkundgebung« handeln nur noch aus der Blase ihrer eigenen Unzufriedenheit heraus und nicht, weil sie überzeugt sind, für eine kohärente Politik kämpfen zu müssen. Der französische Philosoph Claude Lefort machte bereits zu Beginn der 1980er-Jahre auf die Gefahr einer Politik ohne Ideologie aufmerksam. Ein themenspezifischer gesellschaftlicher Protest wird die Teilnehmerinnen und Teilnehmer niemals über die Dauer der Demonstration hinaus vereinen können. Das zeigte sich besonders deutlich bei den Demonstrationen der Impfgegner: Linke Menschenrechtsaktivisten wollten lieber nicht mit QAnon-Verschwörungstheoretikern gesehen werden oder mit rechten Demonstranten, die für die Schließung der Grenzen plädierten, um ihre Arbeitsplätze zu sichern, und auch nicht mit der destruktiven Angriffsformation des Schwarzen Blocks oder den Bauern, die wegen der ökologischen Stickstoff-Regelungen die Autobahnen blockierten. Alle forderten sie gemeinsam mehr Freiheit und protestierten gegen Maskenpflicht und Lockdowns: Doch dieser Ruf nach radikaler Freiheit war politisch ohne Substanz.

Die Aktionen blieben wirkungslos, weil die Realpolitik nach anderen Dringlichkeiten und Prioritäten verlangt: Es fehlte eine gemeinsame Vision, die auf die Politik inhaltlich Druck ausüben konnte.

Mit dem Kampf um Subventionen im Kunst- und Kulturbereich verhält es sich ähnlich. Der aktuelle Kulturkampf versteht sich als Gegenpol zur Wirtschaftspolitik; gleichzeitig ist die Kultur häufig das erste Opfer wirtschaftlicher Sparmaßnahmen oder ein Spielball institutioneller Machtkämpfe. Für Nationalisten ist Kultur Ausdruck ihres identitären Konstrukts, für Künstlerinnen dagegen eine Möglichkeit, die Grenzen der eigenen Identität zu überschreiten. Es ist zu beobachten, dass eine linke, aktivistische Identitätspolitik im Moment viel Macht und Einfluss gewinnt. Allerdings stellt sich die Frage, ob diese identitären Reflexe auf Dauer zu mehr gesellschaftlicher Toleranz oder zu mehr Schubladendenken führen werden. Wie auch immer: Der Bereich der Kunst und der Kultur wird an beiden Enden des Spektrums von Fliehkräften auseinandergezogen; in Stücke gerissen wird dabei unser bisheriges Verständnis von kulureller Emanzipation.

Kultursoziologische Studien über die Zusammenhänge von gesellschaftspolitischen Standpunkten und subjektiven Erfahrungen oder Lebenswelten führten letztendlich zu dem, was wir heute den intersektionellen Diskurs nennen: Die Leben der meisten Menschen lassen sich nicht mehr in objektiv scharf voneinander abgrenzbare soziale Schubladen stecken, sondern belegen mehrere, gesellschaftlich höchst fluide Positionen zugleich. Was früher das Fundament der Gesellschaft bildete – die Fürsorge für den anderen –, wirkt heute für die politische Mitte wie etwas Unbegreifliches, ein wucherndes Randphänomen: die unablässig fordernde Zivilgesellschaft, die vielgestaltigen, kulturellen Instanzen mit ihren Interessengruppen, die wachsende Gruppe jener Menschen, die sich nicht mehr unter einem Nenner zusammenfassen lassen. Diese Entwicklungen und der Zusammenbruch des bewährten ideologischen Säulen-Systems hängen eng zusammen. Die starke Zivilgesellschaft ist für die neoliberale Logik offensichtlich ein zu komplexes und vor allem ökonomisch unrentables Modell: Denn sie besitzt wertvolle, mühsam erkämpfte Rechte, die von zahlreichen Organisationen verteidigt werden und – zumindest in den Augen rechter Wirtschaftshardliner – massenhaft von »Profiteuren« staatlicher Unterstützung – das heißt von den Profiteuren »unserer« Steuergelder – missbraucht werden. Doch wer solch paranoide Gedanken hegt, befindet sich bereits auf der ersten Abzweigung in Richtung asozialer Hölle. Und wer dem Sozialvertrag grundsätzlich mehr misstraut als traut, hat den Kampf um die Demokratie prinzipiell schon verloren. Durch den Sozialabbau und den Rassismus zeigt das System in ganz Europa unverhohlen seine gewissenlose Fratze. Der Sozialstaat, wie wir ihn seit der Umsetzung des Marshallplans kennen, ist damit zwar an sein Ende gekommen, sein Niedergang aber ermöglichte auch den Anfang einer multidimensionalen Welt. Étienne Balibar umschrieb es folgendermaßen: »Von dem Moment an, als das Konstrukt Europa nicht viel mehr war als das Instrument einer neoliberalen Globalisierung und sich die ›gemeinschaftlichen‹ Institutionen […] mehr und mehr auf den allgemeinen Wettbewerb zwischen den eigenen Territorien und den Bevölkerungen konzentrierten, verlagerte sich die Aufgabe des Staates vom Schutz sozialer Rechte auf die Destruktion der bürgerlichen Gesellschaft.«

Die Angst vor einem Missbrauch der Sozialleistungen macht die Bürgerinnen und Bürger hartherzig. Diese Hartherzigkeit ist eine defensive Form der Verallgemeinerung, mit der die Abneigung gegen Andersdenkende legitimiert werden soll: »Die profitieren doch nur von unserem System, und wir müssen arbeiten.« Politische Stimmungsmache gründet oft auf derartigen verbitterten Ressentiments, und was dabei an sozialem Zusammenhalt zerstört wird, wird durch identitären Klebstoff ersetzt. Mit der Erosion des traditionellen sozialpolitischen Systems entsteht nun eine Gemeinschaft, bei der ideologiefreie Blasen Gleichgesinnter an die Stelle der »Säulen« treten, also der gesellschaftlichen Gruppen mit ihren jeweiligen religiösen, sozialen oder kulturellen Interessen. Zwar stimmt es, dass diese Blasen von ein und denselben Themen zusammengehalten werden, doch bieten diese Themen keinen kohärenten Blick darauf, was es heißt, politisch zu denken. Mit anderen Worten: Als Basis für gesellschaftspolitisches Handeln sind diese Blasen wertlos, denn sie können das, was die sozialen Medien an unseren »echten« sozialen Beziehungen zerstört haben, nicht mit anderen intersubjektiven Formen des sozialen Kitts kompensieren. Und so setzt sich die heutige Blasen-Gesellschaft, die Peter Sloterdijk im dritten Teil seiner Trilogie über die postmoderne Gesellschaft *(Sphären)* visionär beschrieben hat, nicht aus Säulen zusammen, sondern aus Schaum. Während das traditionelle, geordnete System der Säulen, die gewissermaßen innerhalb der eigenen konfessionellen oder weltanschaulichen Blase entstanden waren, noch einen sozialen Zusammenhang bot – Christen unter sich, Sozialisten unter sich, Liberale unter sich –, wirken die individualistischen Blasen, wie sie die Algorithmen von Facebook und Instagram bieten, wie ein Ausdruck des totalen, postdemokratischen Freiheitsgedankens. Doch die Behaglichkeit der ideologielosen Blasen war nicht von langer Dauer, und die Gleichgesinnten fingen an, sich zusammenzurotten und sich von Andersdenkenden abzugrenzen. Übrigens bekämpfen die Nationalisten diese »Blasenbildung« der Gesellschaft, indem sie ihren Anhängern einreden, sie könnten durch die Zugehörigkeit zu einem monokulturellen Volk ihr Ego identitär aufwerten. Doch was der Nationalismus der verlorenen politischen Gemeinschaft entgegensetzt, ist der schlechte Abklatsch einer echten Gemeinschaft; er greift auf Vorstellungen zurück, die letztlich darauf beruhen, andere Menschen auf der Grundlage äußerer Merkmale auszuschließen. Eine sozialstaatliche Ordnung hingegen sollte die angemessenen, demokratischen Rechte jedes ihrer Mitglieder berücksichtigen, egal, wie unterschiedlich sie hinsichtlich Herkunft, kultureller Praktiken oder Aussehen sein mögen.

Und dann kam die Corona-Pandemie. Das Gesundheitswesen erwies sich als ein Sektor, der unter Atemnot litt. Während des ersten Lockdowns applaudierten Bürgerinnen und Bürger dem Pflegepersonal auf Balkonen und in Straßencafés. Angesichts der neuen Krankheit, die jeden treffen konnte, war das identitäre Zusammengehören als »Volk« zur Nebensächlichkeit geworden; denn jetzt litt nicht »das Volk«, sondern die reale, also diversifizierte Bevölkerung. Dass die Kräfte des öffentlichen Sektors und der Zivilgesellschaft wieder gebraucht wurden, um die Not zu lindern, gefiel den rechtspopulistischen Bewegungen jedoch gar nicht; nachdem sie jahrelang lautstark gegen ein zu teures Gesundheitswesen und ein soziales »Schmarotzertum« gewettert hatten, war ihr Schweigen jetzt ohrenbetäubend. Sie überließen es den von ihnen geschmähten gemäßigten Parteien, nach Lösungen zu suchen, und machten sich trotz der schweren Zeiten und der für alle unbekannten Situation über deren zwangsläufig entstehenden Fehler lustig. Die Karten wurden neu gemischt, und wir wurden mit der schmerzhaften Wirklichkeit konfrontiert, in der Identität und Freiheit Fangen spielten.

Verschiebungen wie diese erinnern uns daran, dass die wesentlichen Probleme von heute transnationaler Art sind. Die globale Krise der demokratischen Institutionen geht weit über die lokale Realpolitik hinaus, die Zeit des hippen *think glocal* – lokal und global gleichzeitig – scheint bereits jetzt einer romantischen Vergangenheit anzugehören, denn die Spannungen zwischen dem Lokalen und dem Globalen bekommen wir jeden Tag stärker zu spüren. Die drei aktuellen Großprobleme werden niemals durch ein identitäres, nationales oder kulturzentristisches Denken gelöst werden, sondern nur noch dadurch, dass man über mögliche Formen planetarischer Ordnungen nachdenkt, und zwar mit neuen Parametern, die eine bisher ungekannte Politik nach sich ziehen. Die strenge Trennung zwischen dem freien Kleinunternehmer und den Arbeiterinnen und Arbeitern wird sich auflösen: Kioskbetreiber beispielsweise werden dann nicht länger dem neoliberalen Unternehmertum zugerechnet, sondern dem ausgebeuteten Weltproletariat, da sie trotz sechzehnstündiger Arbeitstage kaum noch die Gewerbemiete bezahlen können. Das Unvermögen, die realen Verhältnisse mit den neuen planetarischen Kräften zusammenzudenken, ist ein Merkmal nicht nur der identitären und nationalistischen Bewegungen, sondern auch der klassisch links-syndikalistischen Empörung.

Der *body politic*

Die Verschiebung, über die in unserer Zeit am häufigsten diskutiert wird, ist uralt – es ist die der Migration. Anthropologen haben immer wieder darauf hingewiesen, dass es zu allen Zeiten Migrationen gab, dass jede Integration von kulturellen Differenzen begleitet wird und dass am Anfang eines wirtschaftlichen Aufschwungs stets eine Einwanderungswelle steht. Doch ungeachtet dieser Tatsachen schimpft die extreme Rechte, dass der alte Kontinent untergehe, eine »Umvolkung« geplant sei und eine Verschwörung mit dem Ziel existiere, »uns« auszurotten. Während der Flüchtlingskrise der vergangenen Jahre mussten wir zusehen, wie uns die herzlosesten Argumente als vernünftige Politik verkauft und humanitäre Diskurse skrupellos manipuliert wurden, um uns einzureden, dass uns der Untergang drohe, wenn wir Empathie empfänden für Menschen in Not. Obwohl gesicherte wirtschaftliche Zahlen die Theorien hinsichtlich einer »Übernahme Europas« widerlegen, braucht es nur wenig, um die Angst vor einer kulturell diversen Gesellschaft wachzurufen. Der Weg zum Rassismus führt über tägliche Ärgernisse, die irgendwann jede Mitleidslosigkeit berechtigt erscheinen lassen. Die neuen Mitbürgerinnen und Mitbürger werden ständig dazu angehalten, die gegen sie kursierenden Vorurteile zu entkräften, sie sollen mehr Bürgersinn, Arbeitsethos und guten Willen zeigen als der Durchschnittsbürger, wenn sie auch nur ein wenig akzeptiert werden und sich vom Stigma befreien wollen, nur hier zu sein, um vom System zu profitieren – als wäre das sonst so geschmähte »System« auf einmal etwas Heiliges und Unantastbares. Integration ist für viele der zugewanderten Bürgerinnen und Bürger eine Sisyphusaufgabe: Der Stein des »Andersseins« rollt immer wieder den Berg herunter, nachdem sie ihn mit Mühe hinaufgewuchtet haben.

Dabei ist das Prinzip der Gastfreundschaft in der europäischen Gesellschaft genauso tief verwurzelt wie die Migration. Die Krise, in der sich die Idee der Gastfreundschaft seit der »Migrationsproblematik« befindet, wirft dann auch die Frage auf, worin die Freiheiten von Gast und Gastgeber bzw. Gastgeberin jeweils bestehen und wie sie sich in früheren Zeiten gegenseitig bedingt haben. Was wir Gemeinschaft nennen, erfahren wir nicht unbedingt auch als angenehme Gesellschaft; Gemeinsamkeit heißt noch lange nicht, sich in der Anwesenheit des anderen wohlzufühlen. Wen wir als Geflüchteten akzeptieren, hängt stark von den kulturellen Voraussetzungen ab.

In seinen Universitätsseminaren über Gastfreundschaft stellte sich Jacques Derrida die Frage, was er – der algerisch-französische Philosoph mit marranischen Wurzeln – eigentlich vom »Anderen« denken solle, der er selbst ist: ein Fremder im eigenen Land. Der Fremde ist immer der Mensch, der, ohne den Mund aufzumachen, unbeabsichtigt die erste Frage stellt. Es reicht, dass er plötzlich in unserer

Mitte auftaucht, um eine Debatte über das Wesen des Authentischen auszulösen. Er ist die Verkörperung der Frage nach unserer eigenen Identität, eine Frage in Gestalt eines Menschen, der uns nicht vollkommen ähnlich sieht und der viele Menschen irritiert, weil sein Auftauchen eine Unterbrechung des normalen, alltäglichen Laufs der Dinge darstellt. Der Fremde, der durch seine Kleidung, durch ein anderes Äußeres, eine andere Hautfarbe oder andere Gewohnheiten auffällt, wirkt wie ein Störsender und erinnert die Menschen daran, dass alle Selbstverständlichkeiten lediglich kulturelle Eigenarten sind und nichts Objektives besitzen. Mit anderen Worten: Der Fremde verursacht eine Entfremdung gegenüber dem selbstverständlich Eigenen. Die persönlichen Lebensgewohnheiten werden relativ, die Kruste der bisherigen Gewissheiten platzt auf und verursacht ein mentales Unbehagen.

Auf diese Weise werden wir, wie die bulgarisch-französische Philosophin Julia Kristeva es ausdrückt, alle zu Nomaden in unserem Ich-Gefühl. Dieses Gefühl bleibt jedoch zum größten Teil unbewusst, wird verdrängt und verwandelt sich deshalb in Frustration – die sich bei dem einen in stillem Groll, Distanz oder sturer Ignoranz äußert, bei dem anderen jedoch in Aggression ausartet. Alles, was mit dem »Anderen« zu tun hat, in der Philosophie mit dem Begriff der *Alterität* beschrieben, ruft antagonistische Kräfte auf den Plan: Das Ergebnis kann eine Erweiterung oder eine Verengung sein. Solange eine fremde Person passiv bleibt, schweigt, sich fügt, sich so unsichtbar wie möglich macht, wird sie stillschweigend oder zähneknirschend geduldet oder ignoriert. Fordert sie jedoch für sich dieselben Rechte ein wie die Menschen, die von alters her den Ort, an dem er sich befindet, ihre Heimat nennen, dann platzt die Bombe. Anders gesagt: Gastfreundschaft kennt eine Grenze, und diese Grenze besteht aus einer äußerst passiven Komponente, die den anderen toleriert, solange er die Position des Außenstehenden beibehält bzw. bekräftigt und nicht so tut, als wäre er in seinem neuen Kontext genauso selbstverständlich zu Hause wie die angestammten Einwohner. Wenn er nicht provozieren möchte, darf der Fremde im anderen eine bestimmte geistige Schwelle nicht überschreiten. Tut er das, indem er anfängt zu sprechen, sich in Gespräche einzumischen oder dieselben Rechte für sich einzufordern, kommt es zu Irritationen. Rassistische Äußerungen sind ein Indiz dafür, dass eine unsichtbare Grenze überschritten wurde: Und diese Grenze besteht nicht darin, dass das Recht des Fremden mit dem Recht des Einheimischen kollidiert, sondern darin, dass der Einheimische die Erfahrung machen muss, sein Recht möglicherweise mit jemandem teilen zu müssen, der ihm fremd bleibt. Aber gerade das ist Teil des überlieferten anthropologischen Gesetzes der Gastfreundschaft.

Eine weitere Grenze bildet die Anzahl. Klopfte früher ein einzelner Fremder an das Hoftor eines allein stehenden Bauernhauses, konnte er damit rechnen, gastfreundlich aufgenommen zu werden, ein Obdach zu erhalten und möglicherweise sogar eine Mahlzeit. Alte Sagen erzählen diese Geschichte sehr oft. Zwei Lindenbäume vor dem Eingang zu einem Bauernhof waren in Deutschland früher das Zeichen für Gastfreundschaft. Baten aber zehn, zwanzig oder dreißig Fremde um Einlass, wurden sofort die Fensterläden zugeschlagen, und ein Bewohner des Hauses stellte sich mit einer Waffe hinter die verschlossene Tür. In diesem Fall hat die pure Anzahl eine Grenze überschritten und kommt einer Invasion gleich, bei der die Identität der Eindringlinge keine Rolle mehr spielt. Selbst dreißig Bewohner eines Nachbardorfs würden als Invasion empfunden werden. Ein deutlicher Ausdruck dafür ist das Mantra des »Alltags«-Rassismus: Meine Nachbarn sind ja ganz nett, aber sie brauchen nicht alle gleichzeitig bei mir aufzutauchen. Und die Kombination aus Zahl und Tun – viele Geflüchtete, die um Asyl bitten – sprengt gleich zwei Grenzbedingungen einer Gemeinschaft, die sich selbst schützen möchte: die der Identität und die der Menge. Von diesem Augenblick an zählt nur noch, was den anderen von uns unterscheidet – Hautfarbe, Kleidung, Religion und Kultur.

Aber das alles ist weniger eine Ursache als eine interne Verschiebung, bei der die ursprüngliche Empathie und die primäre Anerkennung des anderen als Gleichen blockiert werden. Das bedeutet, dass der Fokus auf Kulturunterschiede erlernt wurde und zum Vorwand genommen wird, etwas nicht tun zu müssen, was man tun sollte: zum Beispiel jemanden gastfreundlich zu empfangen, obwohl man ihn als Bedrohung empfindet. Um das Zugehörigkeitsgefühl zur eigenen Gruppe nicht zu untergraben, unterdrücken viele Menschen die spontane Empathie, die sie in einfacheren Zeiten mit einem unvermittelt auftauchenden anderen in Verbindung hätte treten lassen, und nehmen stattdessen äußere Merkmale zum Anlass, sich mit dem anderen nicht verbunden fühlen zu müssen. Sogar wenn dieser andere hungert, wenn dessen Kinder im Meer ertrinken oder er einfach nur um etwas Verständnis bittet, wird diese selbst auferlegte Entfremdung aufrechterhalten. Gemäß dem, was man in dem Dorf in Brabant, wo ich wohne, zu sagen pflegt: »*Der da* ist nicht von hier.«

Die Konzentration auf das Unterscheidende statt auf das Gemeinsame ist keineswegs die erste Reaktion. Die allererste Reaktion ereignet sich in unseren Spiegelneuronen, die in uns die Angst wecken, ebenfalls zu ertrinken, ebenfalls zu leiden und ebenfalls ausgeschlossen zu werden. So empfinden wir durchaus Mitleid, wenn wir ein Foto des ertrunkenen kleinen Jungen Alan Kurdi sehen, wie er mit dem Gesicht nach unten im Wasser liegt, die triefenden Schuhe an den kleinen Füßen. Dieses Bild eines toten Kindes konnte rassistisch nicht aufgeladen werden und rührte Millionen Menschen ans Herz. Wäre das Kind sechzehn Jahre alt gewesen, hätte man ihm viel einfacher die Gestalt eines bedrohlichen Fremden zuschreiben können, selbst wenn er genauso wehrlos gewesen wäre. Aber die ursprüngliche Empathie wird abgelenkt und unterdrückt: Der andere besitzt das Merkmal, dass er anders ist, er ähnelt einem nicht, selbst wenn er ein Schicksal erleidet, das jeder sofort und intuitiv als ein universell menschliches verstehen würde.

Rassismus beruht daher sehr oft auf einer blockierten Anerkennung des anderen, die aber für eine spontane Reaktion gehalten wird. Häufig ist zu lesen, dass die Abneigung gegen den anderen ein spontaner und universell menschlicher Wesenszug und Rassismus eine allgemeinmenschliche Einstellung ist. Das stimmt nur, solange man davon ausgeht, dass der Mensch sich automatisch mehr auf die Unterschiede als auf die Gemeinsamkeiten konzentriert.

Das alles macht den politischen Geflüchteten faktisch zum »Körper« der Politik, zum *body politic*. Der heimat-, staaten- oder obdachlose Mitmensch bildet die äußerste Grenze dessen, was wir »irgendwo hingehören« nennen. Und weil er diese Grenze verkörpert, *ist* er der Körper des Gesetzes – desjenigen, das besagt, dass der Mensch »als Sterblicher auf der Erde« wohnt – um ein weiteres Mal Heidegger zu zitieren. Auf diese Weise fungiert der Geflüchtete auch als politischer Körper, wenn es um die Bedeutung von Gemeinschaft geht. Die Grenze unserer Koexistenz ist auch ihr wahres Merkmal, denn in der Grenze zeigt sich, was bei dem, das wir Gemeinschaft nennen, moralisch auf dem Spiel steht. In dieser Hinsicht konstituieren Obdachlose oder Geflüchtete den politischen Körper, der uns gewaltsam bestimmt: Wir erkennen durch sie die Grenzen dessen, was wir für unsere Gemeinschaft halten, und auch, wie weit unser Einschluss oder unser Ausschluss reichen kann. Jede obdachlose oder jede geflüchtete Person gleicht darin Giorgio Agambens *homo sacer:* Ihnen ist zugleich etwas Heiliges und etwas Unheimliches eigen, sie bestimmen die geistige Grenze zwischen Einschluss (die Aufnahme in die Gemeinschaft) oder Ausschluss (das Ausgestoßenwerden aus der Gemeinschaft). Man kann sie gleichgültig ignorieren, weil sie die Opfer sind, die wir für unseren Zusammenhalt aufbringen müssen, oder aber man versteht unter Zusammenhalt das Willkommenheißen des notleidenden anderen. Im Grunde sind solche Fragen in letzter Instanz immer ethische Entscheidungen mit politischen Folgen. Deshalb markieren Obdachlose und Geflüchtete nicht nur die oben genannten Grenzlinien, sondern stehen auch für die Essenz dessen, was es heißt zusammenzuleben. Obdachlose und Geflüchtete werden zu Figuren, die die wahre Bedeutung unseres Zusammenlebens in sich tragen – sie sind so etwas wie Emmausgänger, um es mit einem Begriff aus dem Lukas-Evangelium auszudrücken.

In diesem Sinn ist der Körper des Parias der symbolische Körper des *body politic,* der uns entweder zusammenhält oder voneinander trennt. Er ist die Ausnahme, die die Norm entlarvt. Er verkörpert das, was Agamben das »nackte Leben« nennt und was außerhalb der Reichweite der Politik zu geraten droht und dennoch gerade deren Charakter konturiert. Der *oikos,* das Haus im philosophischen Sinn, erhält seine Bedeutung durch die Türschwelle und durch die Möglichkeit, diese Schwelle zu einem Ort zu machen, der unter bestimmten Umständen überschritten werden kann und darf. Auch der Bürgersteig ist so ein Ort, wo ein mögliches Zusammentreffen stattfinden kann; jeder Mitmensch, der auf seinem Schlafkarton auf einem Lüftungsschacht übernachten muss, ist immer auch der Mensch, der die Grenzen und die Essenz unserer eigenen spezifischen Form des Zusammenlebens verkörpert.

Ich schreibe das alles an dem Tag, an dem die Nachrichten berichteten, dass der Schweizer Fotograf René Robert nach einem Herzinfarkt in Paris neun Stunden lang in der Kälte auf der Straße im Sterben lag, ohne dass ihn ein Mensch ansprach, stützte oder ihm half. Als ausgerechnet ein Obdachloser genau das tat, war es schon zu spät. Die Medien äußerten sich schockiert – was gleichbedeutend ist mit gespielt naiv – über diesen durch Gleichgültigkeit verursachten Tod, der sich ereignete, weil Stadtbewohner den

Bürgersteig nicht länger als einen Ort verstehen, wo man mit seinen Mitbürgern zusammentrifft, sie anspricht oder ihnen hilft, sondern wo man sich gegenseitig ignoriert. Zweifellos spielt bei der wachsenden Gleichgültigkeit gegenüber Fremden, Ertrinkenden, Geflüchteten die zunehmende allgemeine Anonymität eine Rolle, die die Menschen von der Dringlichkeit befreit, sich konkret mit dem anderen auseinanderzusetzen. Der kollektive Körper, der eigentlich unseren *body politic* bilden sollte, ist in Atome zerfallen, die sich alle um die eigene Achse drehen, inklusive Pass und eigenem Namen. Aber alle Namenlosen haben auch einen Vornamen, der ihnen einst von ihren Müttern gegeben worden ist und mit dem man sie jederzeit ansprechen kann.

In seiner bemerkenswerten Tragödie *Die Schutzflehenden* hat Aischylos das Drama der traditionellen Gastfreundschaft eindrucksvoll in Szene gesetzt. Fünfzig ägyptische Frauen, Danaiden genannt, fliehen vor der Zwangsheirat an die Küsten von Argos. Sie sind Nachkommen einer dort einst ansässigen legendären Stammmutter und hoffen, dass König Pelasgos ihnen Asyl gewährt. Doch Pelasgos riskiert einen Krieg mit Ägypten, wenn er die geflüchteten Frauen aufnimmt, denn sie sollten mit ägyptischen Prätendenten verheiratet werden. Für die Frauen sind diese Ehen jedoch inzestuös und daher gottlos. Pelasgos steht vor einem moralischen und politischen Dilemma; die Aufnahme der Geflüchteten wird zu einer Staatsangelegenheit. Die feindliche Armee landet an den Küsten von Argos und bereitet sich auf einen Angriff vor. Pelasgos beruft eine Volksversammlung ein, um den Willen seiner Untertanen zu erfragen: Sie sollen entscheiden, ob das Prinzip der Gastfreundschaft einen

Krieg rechtfertigt. Da die Befragung ergibt, dass das Volk die Aufnahme der Schutzflehenden gutheißt, garantiert Pelasgos den Frauen den Schutz, und es gelingt ihm, die feindlichen Soldaten, die sich bereits auf eine Entführung der Frauen vorbereitet hatten, zu vertreiben. Anschließend ziehen die Frauen in die Stadt ein, begleitet von festlichen Gesängen zum Ruhme der Gastfreundschaft. Möglicherweise wollte Aischylos mit dieser Tragödie den Bewohnern der Stadtstaaten, die zu seiner Zeit schnell wuchsen und sich immer öfter mit Problemen der Migration und der Bitte um Aufnahme konfrontiert sahen, eine moralische Lektion erteilen.

Der Gedanke von der Gleichsetzung der Polis bzw. des Stadtstaats mit dem Prinzip der Gastfreundschaft gegenüber Fremden veranlasste Intellektuelle wie Toni Morrison, Salman Rushdie, J. M. Coetzee, Pierre Bourdieu und Jacques Derrida, die sich Ende des vorigen Jahrhunderts in Straßburg zu einem Internationalen Schriftsteller-Parlament zusammengefunden hatten, dazu, ein Netzwerk aus Zufluchtsstädten zu erstellen. Die Metropolen unserer Zeit, so argumentierten sie, seien längst so multikulturell geworden, dass sie für die zahlreichen Migrantinnen und Migranten leichter *safe spaces* schaffen können als der schwerfällige Staatsapparat – damals lag die gegenwärtige Migrationskrise noch in weiter Ferne. Derrida betonte, dass Staatspolitiker sich oft für Gewalt gegen Geflüchtete aussprechen, wohingegen Städte über existierende Strukturen verfügen, um die Geflüchteten vor der Abschiebung zu bewahren. Damit stehen sich Nationalismus und die Tradition der gastfreundlichen *polis* gegenüber. Städte sind im Allgemeinen weniger identitär als Nationen, sie leben von der Diversität und nicht von der Identität. Im Verlauf eines demografischen Wandels stehen sie an vorderster Front, sind erste Anlaufstationen und Orte, wo Konfrontationen stattfinden, wo es aber auch die ersten Anzeichen einer Vermischung gibt, die darauf hinweisen, dass anfängliche Identitäten sich erweitern und neu konturieren. Der amerikanische Politologe Benjamin Barber widmete sich in seinem einflussreichen Buch *If Mayors Ruled the World. Dysfunctional Nations, Rising Cities* diesem Thema ausführlich. Seiner Meinung nach habe sich das nationalistische Denken schon immer vor der Megalopolis gefürchtet: Durch die vielen demografischen Grauzonen lasse sich deren Identität nicht so einfach feststellen. Für den Rassismus spielt eine nationalistische Politik, die sich gegen den Schmelztiegel der Kulturen in den großen Städten richtet, eine größere Rolle als die sonst viel zitierten Unterschiede zwischen Stadt und Land. Viele Landbewohner fürchten sich vor der großen Stadt und nationalistische Denker finden bei ihnen dadurch mehr Anklang: Der abstrakte Nationenbegriff passt weniger zu den internationalen Städten und ihren bunt gemischten Bevölkerungen als zu denen, die in Zeiten der Migration und der Globalisierung ihre eigene nationale abstrakte Identität als Rettungsring gegen das verstärkt auftretende Gefühl von Überfremdung einsetzen. Das Gefühl der Landbevölkerung, von den Machtzentren abgehängt zu sein, beruht nicht auf einer Illusion, sondern auf einer harten Realität und führt dazu, dass radikale Nationalisten in ländlichen Gebieten gehört werden. Die Boulevards der Großstadt bilden deshalb eine Ausnahme, weil dort ganz andere Gesetze herrschen, damit das Zusammenleben vieler Nationalitäten reibungslos gelingt.

Auf den Widerspruch der Verbraucher, die einerseits von der Globalisierung profitieren, indem sie Waren aus allen Teilen der Welt konsumieren, andererseits aber in einem »Stammesdenken« verharren, ist oft hingewiesen worden. Möglicherweise ist diese seltsame Verschmelzung von Globalismus und Tribalismus in unserer heutigen Welt ein Vorzeichen für die Entstehung eines zukünftigen universellen Hybrids.

Die Einbildungskraft der Bibliothek

Als im Herbst 2018 die Frankfurter Buchmesse feierlich eröffnet wurde, bedauerte Lothar Müller, der einflussreiche Literaturkritiker der *Süddeutschen Zeitung,* dass ein allgemeiner Leseschwund um sich greife und die Schreib- und Lesefähigkeit enorm abnehme. Einige Zeit bevor Lothar Müller diesen Artikel veröffentlichte, hatte ich mich mit ihm unterhalten. Bei diesem Gespräch zeigte er sich durch und durch pessimistisch. Seine Botschaft ließe sich ungefähr so zusammenfassen: Die Bibliotheken verkommen zu Erlebnisräumen, in denen die Literatur ein Nischendasein führt, Rezensionen sind nur noch ein Schatten der früheren, hohen Kunst der Literaturkritik, im Literaturunterricht plaudert man über kurze Artikel in Wochenzeitschriften, und sogar die ehrwürdige Buchmesse ähnelt inzwischen eher einer Expohalle für Werbekampagnen als einem Ort, wo – im Idealfall – intellektuelle Gespräche über Literatur stattfinden. Einen Tag später veröffentlichte dieselbe Zeitung die beeindruckende Eröffnungsrede von Chimamanda Ngozi Adichie, in der die Autorin Einfluss und Macht der Literatur bei der Entwicklung von Ideen, der Emanzipation von Minderheiten und der Bekämpfung von Vorurteilen optimistisch einschätzte.

Dieser Unterschied in der Wahrnehmung der Rolle der

Literatur ist auffällig. Auf der einen Seite der westliche Kulturpessimismus, der den didaktischen Optimismus von Müllers Generation, womit diese in jungen Jahren Thomas Mann und Robert Musil verschlang, abgelöst hat. Auf der anderen Seite die alte Hoffnung auf Bildung für alle, die von *People of Color* mit neuen globalen Impulsen versehen wird. Für die Literatur gibt es kaum etwas Inspirierenderes als solche internen Spannungen; darüber hinaus ist das Ganze aber auch ein Indiz dafür, dass man noch heute daran glauben kann, mit der Literatur die Temperatur der Gesellschaft messen zu können, so als ob sich mit dem Thermometer der Literaturkritik die fiebrige Erkrankung unserer Gegenwart erkennen und verstehen ließe.

Was für ein merkwürdiges Paradox: In der heutigen Gesellschaft wird mehr denn je gelesen – massenhaft, weltweit und pausenlos –, und trotzdem ertönt immer wieder die alte Klage über den allgemeinen Leseschwund. Klar ist, dass sich Leseschwund als Begriff vor allem auf das Lesen von Literatur bezieht, eine spezifische Form der bürgerlichen Kultur, wie sie sich in den letzten Jahrhunderten entwickelt hat. Leseschwund bezieht sich auf den Bedeutungsverlust des historischen Kanons und meint nicht den Rückgang der allgemeinen Lesefähigkeit – denn diese umfasst auch das Entziffern von Excel-Dateien und Fachtexten. Der Leseschwund meint explizit den Verlust der literarischen Lesekompetenz. Angeblich geht von den Bildern in den Medien ein so großer Druck aus, dass die Leserinnen und Leser keine Lust mehr hätten, ein Buch zu lesen. Für manche Kritiker entsteht das Unheil im Herzen der Literatur selbst: Autorinnen und Autoren verfügten nicht mehr über die

»reine« literarische Fantasie à la Kafka, sondern ihre Fantasie widme sich immer öfter Sachthemen. Hinzu komme, dass die Lesenden Sachbücher bevorzugen oder Romane über Themen, die sich mit dem eigenen Erfahrungsbereich decken – was wiederum die Rezensenten zum Anlass nehmen, vorwiegend Bücher mit aktuellen Themen zu besprechen und seltener auf die inhärenten literarischen Qualitäten eines Buches einzugehen. »Reine« Literatur erweise sich gegenüber Sachbüchern als zu unverbindlich, weshalb sehr viele Autorinnen und Autoren sich bewusst gesellschaftlichen Themen zuwenden, um angesichts der erschlagenden Fülle ständig publizierter Ratgeber, Wellness-, Haus-, Garten- und Kochbücher oder des zusammenhanglosen Gestammels von Politikern noch so etwas wie Aufmerksamkeit generieren zu können. Das alles, so die Kritiker, gefährde die kreative Ursprünglichkeit und führe dazu, dass immer schlechter und schlampiger geschrieben werde, zumal der Handel auch noch Druck ausübe und die Verleger die Autorinnen und Autoren zu Karrieremaßnahmen zwingen. Die literarische Lesekompetenz – das heißt die Fähigkeit, das Gelesene auf metaphorischem und allegorischem Niveau verstehen zu können – schwinde dementsprechend. Kurzum: Das Ende der Literatur kündigt sich an, das Lieblingsthema von Schwarzmalern jeglicher Richtung. Ein gefundenes Fressen für jeden, der sich gern wortreich über den Untergang des Abendlandes auslässt.

Es mag durchaus stimmen, dass ein wachsender Teil des lesenden Publikums lieber Bücher liest, die ein Sachthema mit einem fesselnden Schreibstil kombinieren. Doch es stimmt auch, was Don DeLillo in einem Interview äußerte –

und womit er einen wunden Punkt berührte –, nämlich dass die moderne Romanautorin oder der -autor vermehrt Techniken aus dem Journalismus übernehmen würden (und umgekehrt Journalisten, mit unterschiedlichem Erfolg, literarische Techniken für sich entdeckten, um ihre Geschichten attraktiver zu machen). Autorinnen und Autoren machen sich heute offenbar immer öfter auf die Suche nach den Tatsachen hinter den Geschichten und nach den Geschichten hinter den Tatsachen. Aber eigentlich ist diese Verschiebung gar nicht so ungewöhnlich: Auch die Bücher von Honoré de Balzac und gar von Marcel Proust weisen in ihrer Erzählstruktur stark gesellschaftlich »dokumentierende« Elemente auf. Jüngste Forschungen offenbaren, dass selbst die »reine« Fantasie Franz Kafkas biografisch und kulturell viel stärker auf Dokumentarischem beruht als gedacht. Es stellt sich die Frage, ob die gegenwärtige Flut an expliziten, das heißt ziemlich peinlichen, mit aktivistischer Note und intimen Bekenntnissen versehenen autobiografischen Büchern die Existenz eines literarischen Lesevermögens beweisen oder, im Gegenteil, dessen Mangel illustrieren. Sind Geschichten, die auf wahren Begebenheiten gründen, deshalb erzählerisch weniger komplex? Verlernen die Leserinnen und Leser dadurch, kompliziertere Texte zu lesen? Früher lasen die meisten Bildungsbürger einfach Tageszeitungen, Wochenmagazine oder die Mitteilungen des örtlichen Kulturvereins, die Bücherwürmer waren schon damals in der Minderheit – doch diese Minderheit gab den Ton an und bestimmte, was unter Lesekultur zu verstehen war. Wenn wir davon ausgehen, dass die Lesenden auf den Bildschirmen ihrer E-Books, iPads, Smartphones oder Laptops eher kurze als längere literarische Texte konsumieren, stellen wir fest, dass die heutige Situation sich von der früheren so sehr gar nicht unterscheidet. Noch in den Fünfzigerjahren konnte Theodor Adorno in seiner typischen herablassenden Art schreiben, dass die Literatur eigentlich ein Gesellschaftsspiel für die banale Masse sei (was er Banausie nannte, ein ziemlich abfälliges Wort für einen Kulturmarxisten: Das griechische Wort *banausos* bedeutet Handwerker). Heute aber erweisen sich die Literaturlesenden als die Hüter der Hochkultur. Oder ist das auch ein Ausdruck der Banalität, wenn man das literarische Lesevermögen als Gradmesser für das kulturelle Niveau einer Gesellschaft begreift?

In jedem Fall wäre es wichtig zu verstehen, wie es zur oft geäußerten Befürchtung kommt, Lesende könnten durch den vielfachen und unaufmerksamen Genuss von zu vielen kurzen Texten an Lesefertigkeit verlieren. Denn viele Autorinnen und Autoren erobern sich gerade ein breites Publikum mit Texten, die sie auf den Bildschirmen ihrer Handys zusammentippen und die dennoch alle Merkmale eines literarischen Textes aufweisen. Warum aber stimmen so viele hochgebildete Leute dann doch immer wieder in den alten Klagegesang ein?

In einem bemerkenswerten Prosastück aus dem Jahr 1959 mit dem Titel *Mort du dernier écrivain* beschreibt der französische Essayist Maurice Blanchot in einer kafkaesken Parabel, wie sich nach dem Tod der letzten »echten« literarischen Autorin oder des letzten Autors (wer immer das sein möge) ein endloses Gemurmel erhebt, ein niemals mehr enden wollendes Geschwätz – ein vor sich hin stammelndes, merkwürdiges und unpersönliches »Etwas«, eine Leere, die stammelt und nuschelt, geheimnis- und bedeutungslos, aber dennoch dazu fähig, ein Individuum vom anderen zu trennen und zu entfremden. Gleichzeitig will dieses Gemurmel scheinbar etwas sagen, etwas verdeutlichen, als quölle Tiefe daraus hervor, etwas Unerhörtes. Dieses Gemurmel sei niemals trügerisch, fährt Blanchot fort, weil es nichts verspreche, und obwohl es vollkommen unpersönlich sei, scheint es immer nur für eine einzige Person zu sprechen. Hier tritt das Fehlen aller »echten« Worte *(parole)* in Erscheinung, und keiner traut sich, darüber zu reden oder Andeutungen zu machen. Schriftsteller dürften sich nur diejenigen nennen, sagt Blanchot, die das endlose Geschwätz zum Verstummen brächten und eine neue Mauer errichteten gegen den Ozean des Geredes – die, die Stille wiederherstellten. Schreibende müssten, so fordert er, unbedingt die Stille würdigen; gelänge es ihnen nicht, die Stille wieder heraufzubeschwören, würde die literarische Sprache verschwinden.

Das Merkwürdige ist, dass Blanchot mit seiner Beschreibung des endlosen, unpersönlichen und dennoch scheinbar auf eine bestimmte Person abzielenden Gemurmels perfekt prophezeite, was die sozialen Medien uns heute bieten. Autorinnen und Autoren sind in Blanchots Augen Personen, die dem endlosen Geschwätz Einhalt gebieten können, indem sie Bücher verfassen.

Interessanterweise vergleicht Blanchot den wahren Schriftsteller mit einem Diktator, obwohl er auch dessen Gegenteil ist. Ein Diktator aber bringt das endlose Geschwätz mit hohlen, sinnlosen Befehlen zum Verstummen. Die Schreibenden tun etwas anderes: Sie versuchen, sich mit dem ursprünglichen Rauschen, dem *rumeur initiale,* dem Ur-Rauschen, in Verbindung zu setzen, ja sie sollen sich sogar trauen, in die erste Stille vor dem Rauschen zu springen – den Ur-Sprung zum Ursprung jedes Sprechens zu wagen, ohne den sprechenden Menschen hinter sich zu lassen.

Zweifellos werden die Schriftstellerinnen und Schriftsteller von heute vom oben erwähnten Gemurmel dazu gedrängt, in ihren Büchern die allgegenwärtige Rhetorik der gespielten Natürlichkeit anzuwenden und damit zu einem Stil zu greifen, der gewissermaßen unaufhörlich von sich selbst behauptet: Ich bin überhaupt kein Stil, ich bin die reine Stimme des einfachen Mitglieds der Gesellschaft, ich bin durch und durch unmittelbare Spontaneität, ich spreche wie jedermann, bin normal und sympathisch – dabei, so könnte man mit Blanchot dagegenhalten, spüren wir schon beim Niederschreiben von Wörtern wie »Brot« oder »Engel«, dass es gar keine einfache Sprache gibt und dass die Schreibenden vom ersten Wort an auf sich allein gestellt sind. Die sogenannte *langue immédiate,* die »einfache Sprache«, ist so einfach gar nicht, sondern gehört zu den zahllosen rhetorischen Mitteln, um ins Gespräch zu kommen mit dem oben erwähnten, endlosen Gemurmel, das niemals einen wirklichen Ursprung gehabt hat – und uns stattdessen mit jedem Wort immer weiter von jeder Vorstellung eines integren Sprechens entfernt. Das endlose Geschwätz entfremdet uns auch, wie Blanchot sagt, von jenem Wesenhaften, das einst Ursprung der Sprache gewesen ist: vom konkreten, fast ursprünglichen Bild eines Gegenstands, eines Gesichts, eines Zustands. Bei dieser Konfrontation sind Worte nicht selbstverständlich, weshalb es Blanchot zufolge auch sinnlos wäre, so zu tun, als könnten wir uns durch die unaufhörliche Produktion von geschwätzigen Büchern dieser Quelle wieder annähern. Nur der Sprung in die sofortige Stille könnte so etwas zustande bringen, doch auch dieser Sprung ist natürlich nur eine Illusion.

Und doch – in diesem fast unmöglichen Verhältnis zur verlorenen Originalität, die wie eine tödliche Stille hinter jedem Wort gähnt, muss der Schriftsteller seine Kraft an dem unendlichen Rauschen messen, das ihn umgibt und aus dem er eine Form von Wahrhaftigkeit herauszufiltern versucht – und das ist etwas ganz anderes als die Illusion der Wahrheit, denn die gehört als Begriff selbst zum unendlichen Rauschen. Den Schreibenden bleibt nichts anderes, so Blanchot, als der Sprung in jenes Ungewisse, das ihrer Existenz zugrunde liegt und sie durchdringt, denn nichts ist den Schreibenden näher und nichts intimer als dieser unerreichbare Anfang, dieser Ur-Sprung in der Sprache.

Noch in den 1970er-Jahren prophezeite der tschechische Philosoph Vilém Flusser, dass unsere gewohnte lineare Art des Lesens zugunsten computergesteuerter, komplexerer und gleichzeitig unmittelbarer Lesemethoden verschwinden werde. *Icons*, Logogramme, Kryptogramme und jetzt auch die Algorithmen sind Zeichensysteme, gegen die die Lektüre linearer Zeichen primitiv erscheint. Gleichzeitig hielt Flusser die traditionelle Poesie für ein Medium, das auch das zeitgenössische Denken über Algorithmen und

Maschinen inspirieren könne. Poesie bringe seiner Ansicht nach äußerst komplexe Wissens- und Erfahrungsmodelle hervor. Nehmen wir zum Beispiel die Liebe: »An unserem gegenwärtigen Liebeserlebnis sind in Hollywood ausgearbeitete Liebesmodelle zu erkennen, die auf jenen der romantischen Dichtung fußen, welche ihrerseits aus jenen der Troubadours ausgearbeitet wurden. Hinter diesen Modellen finden wir das der christlichen Liebe und dahinter wieder die jüdischen und griechischen Liebesmodelle, bis sich die Wurzeln in der Vorgeschichte verlieren.« Aus diesen Gründen war Flusser der Ansicht, dass man niemals einfach so von einem Fortschritt in unserem Denken ausgehen könne, sondern dabei stets die »Wahrnehmungsvielfalt« berücksichtigen müsse. Es sind immer mehrere Wirklichkeiten gleichzeitig am Werk, eine schließt die andere nicht automatisch aus. Mit anderen Worten: Flusser glaubte nicht, dass das gewohnte lineare Lesen durch ein Fortschritts- oder Untergangsdenken gefährdet sei, sondern dass unsere bisherigen kulturellen Gewohnheiten in einem total neuen Denken aufgehen werden, das von Computern generiert wird. Diese Annahme hat den Vorteil, dass Flusser durch die Feststellung, das alte Kulturmodell sei zum Tode verurteilt, nicht automatisch zum Kulturpessimisten werden musste, sondern sich auf die Suche nach einer Methode machen konnte, wie das Alte und das Neue am besten interagieren könnten. Das wiederum führte dazu, dass er darüber zu spekulieren begann, wie Computer neue Poesie erschaffen könnten. Als Flusser seinen Essay schrieb, war das Ganze noch reine Science-Fiction, aber heute sind wir nicht mehr weit davon entfernt. »So hätten wir künftig zwei Arten von Dichtung im Sinne eines Sprachspiels zu erwarten. Einerseits wird es sprechende künstliche Intelligenzen geben, die laut Programm einen ununterbrochenen Strom von immer neuen Gedichten vortragen werden, also eine Art von künstlichen Barden. Und andererseits werden Informatoren mit Hilfe eines Permutationsspiels alphabetisch oder anders codierte Gedichte in atemloser Geschwindigkeit via Bildschirm vor uns aufleuchten lassen, also eine Art von künstlichen Eliots und Rilkes.« Mag sein, so Flusser, dass es vereinzelt noch Menschen geben werde, die weiterhin am Alphabetischen und Linearen festhalten, aber sie werden bald in der Minderheit sein. Auch werde die alte, lineare Lesekultur zugunsten allmächtiger Algorithmen und endloser kreativer Möglichkeiten verschwinden, gemeinsam mit der traditionellen Literaturkritik.

Am Ende seines Essays äußerte Flusser aber doch die Sorge, dass die künstliche Revolution der Algorithmen zu einem Niedergang des *kritischen* Lesens führen könne: »Wir befürchten, daß in Zukunft alle Botschaften, insbesondere die Wahrnehmungs- und Erlebnismodelle, unkritisch hingenommen werden, daß die informatische Revolution die Menschen in unkritisch permutierende Empfänger von Botschaften, also in Roboter verwandeln wird.« Es geht also nicht nur um die literarische Lesekompetenz, sondern um die Befürchtung, dass Menschen mit ihren mehr oder weniger impliziten Grundannahmen nicht mehr in der Lage sein werden, komplexe Gesamttexte zu beurteilen. Flussers Ängste sind eher ideologischer als literarischer Natur. Hier stößt der Futurologe selbst an die Grenzen seines Optimismus: Er befürchtet, dass egal, wie aufregend unsere Zukunft mit den Algorithmen aussehen mag, etwas ganz Wesentliches verschwinden wird, und zwar etwas, das das Wesen der Literatur selbst betrifft. Damit verknüpft er beide Formen des kulturellen Verfalls – den ideologischen und den literarischen. Unabhängig davon, wie virtuos eine von einer künstlichen Intelligenz hervorgebrachte Poesie wäre, sie würde seiner Ansicht nach immer ein Simulakrum bleiben, dem die unmittelbare Lebenserfahrung des Menschen und seine komplexen Lebensbedingungen fehlen würden. Mit anderen Worten: Eine vom verletzlichen Leib und Leben des Menschen befreite, gewissermaßen von jedem persönlichen Genie losgelöste Virtuosität wäre ohne jede Energie und uns deshalb am Ende gleichgültig – abgesehen vielleicht von einigen wenigen Nerds, die sich mit den unendlich vielen potenziellen, verrückten, bisher ungekannten Kombinationsmöglichkeiten des neuen Spielzeugs vergnügen, während sich ihre Liebsten enttäuscht durch die Hintertür davonschleichen. Und damit würde auch die aristotelische »Seele« – das, was einen Menschen lebendig macht –, ungeachtet aller Spekulationen darüber, welches Gewicht sie bei Eintritt des Todes besitzt, für immer in der Hitze des Computerakkus verdampfen.

Natürlich müssen wir uns der Frage nach dem Verhältnis zwischen der KI-generierten und der, nennen wir es, altmodischen kulturellen Wörterproduktion stellen. Aber vielleicht liegen die Ursachen dieser Spekulationen über Leseschwund und das Ende der Literatur ganz woanders. Es geht gar nicht so sehr darum, ob die Menschen lineare Texte produzieren oder entziffern können – wie gesagt, es wird mehr denn je linear gelesen – oder ob sie ihre Fähigkeit verlieren, Texte adäquat aufzunehmen, oder die regelmäßig erhobene Behauptung stimmt, dass der heutige Mensch eine zu kurze Aufmerksamkeitsspanne besitzt, weil er ständig herumscrollt – schließlich lesen viele Menschen im Internet auch längere literarische Texte und wissenschaftliche Artikel. Ich glaube, dass der wahre Grund für den potenziellen Statusverlust des geschriebenen Worts tiefer liegt und erst seit dem Phänomen Trump vollkommen ans Licht getreten ist: Das Geschriebene hat als Medium an Glaubwürdigkeit und Ansehen verloren. Die Manipulationsmöglichkeiten der neuen Technologien haben das geschriebene Wort in eine grundlegende Wahrheitskrise gestürzt – ganz ähnlich, wie der Wahrheitsanspruch der Malerei vom Aufkommen der Fotografie untergraben wurde und der der Fotografie von der Technik der digitalen Bildbearbeitung. Das bedeutet, dass die neuen Technologien durch die endlose Textproduktion nicht eine Explosion der Möglichkeiten verursacht haben, sondern eine Implosion des Status des geschriebenen Worts. In der westlichen Kultur hat das WORT längst seine biblische Dringlichkeit verloren, auf der anderen Seite drängt es sich immer stärker auf und ist weniger kontrollierbar als je zuvor. Es leidet an einer technologischen Aushöhlung seines Status, an der Aushöhlung, die Blanchot meinte, als er vom endlosen Gemurmel sprach. Und Opfer einer allgemeinen Inflation der Worte wurde es auch, weil die alten Printmedien ihren Stellenwert und ihre altehrwürdige Rolle als Hüterin der gemeinschaftlichen Werte verloren haben. Das Wort ist somit nicht länger Garant einer sprechenden Autorität, sondern stellt ein weltumspannendes unaufhörliches Rauschen dar. In diesem Sinne hat sich die Fortschrittsvision von Flusser als Enttäuschung erwiesen und die alte, kafkaeske Geschichte von Maurice Blanchot ist aktueller denn je: Nicht die Technik, sondern das Gemurmel ist der Tod der Wörter.

Die postmoderne Krise der Lesekompetenz ist eine doppelte: Zum einen sind die Menschen nicht mehr so gutgläubig wie früher, halbgare Wundererzählungen und Brandreden verfangen weniger oft, und die Unterdrückung durch das Wort gehört der Vergangenheit an. Zum anderen schlagen die Menschen zurück, mit Meinungen, mit Hörensagen, Zitaten, aus dem Kontext gerissenen Slogans und Behauptungen, außerdem benutzen sie die Funktionen des Ausschneidens, Kopierens und Einfügens wie die Wahnsinnigen und arbeiten Tag für Tag an einer Art endlos verzweigter Wortwucherung, die der französische Philosoph Gilles Deleuze vor fünfzig Jahren als Rhizom bezeichnete: eine Art Textpflanze, die alles vereinnahmt, was ihr in den Weg kommt. Das altmodische kritische Denken, das sonst dazu diente, starre Ideologien systematisch und analytisch zu hinterfragen, ist zu einer haltlosen Urteilerei ausgeartet, bei der man nichts mehr zu glauben braucht und alles behauptet oder infrage gestellt werden kann ohne den geringsten kritischen Reflex. Dabei werden vor allem die geeichten Kanäle des geschriebenen Worts ins Visier genommen – wie auf dem Schild, das ein Mann während einer Demonstration in Chemnitz hochhielt: »Lügenpresse, halt die Fresse!« Mehr noch: Haltet alle euer Maul – Schriftstellerinnen und Schriftsteller, Kulturelite, Scheißintellektuelle. Gedrucktes Wort, elitäre Bücher, haltet alle euer Maul. Ihr braucht nicht mehr so zu tun, als wärt ihr im Besitz der Wahrheit, denn es gibt eine Autorität mehr, die uns sagt, wo es langgeht – wir sind wirklich frei: *Wir sind das Volk*. Wir sind so kritisch, dass wir niemandem mehr glauben, und schon gar nicht denen, die meinen, sie hätten durch das geschriebene Wort etwas zu sagen: Sie versuchen doch nur – und das bläuen die Anhänger Pierre Bourdieus ihren Studierenden unermüdlich ein –, symbolisches Kapital anzuhäufen und uns mit ihrer elitären Meinung zu imponieren. Diese vonseiten der Linken erhobenen Vorwürfe gegen »Intellektuelle« fügen sich nahtlos ein in den rechtspopulistischen Hass gegen alles, was irgendwie nach »Elite« riecht. Die Hetze sowohl von Trump-Anhängern als auch von russischen Trollen besteht hauptsächlich aus dem Anschwärzen all jener, die sich mithilfe des geschriebenen Worts kritisch und besonnen äußern wollen. Angriffe auf die traditionellen Printmedien sind nicht nur ein Vorrecht der Populisten weltweit, sie sind in den politischen Diskursen von heute bereits Normalität geworden.

Dem steht die Auffassung gegenüber, dass das direkte, das gesprochene Wort eine größere Authentizität besitzt; während Wissenschaft und öffentliche Intellektuelle jegliche Glaubwürdigkeit verloren haben, wird jedem, der über etwas Talent für Instagram-Drama verfügt, alles geglaubt. Influencer bevölkern die sozialen Medien mit den simpelsten Slogans und bilden für arglose Menschen ein kritiklos und massenhaft imitiertes Rollenmodell. Der Unterschied zwischen »Spaß und Spontaneität« und dem Verzapfen von gefährlichem Unsinn hat sich in bestimmten Milieus fast vollkommen nivelliert. Die »Stimme des Volkes« hat die kritische Auslegung von Fakten und Situationen allmählich vollkommen verdrängt. Was wir heute in den News vorgesetzt bekommen, ist nicht mehr die Deutung von Fakten, sondern nur noch deren Echo – Emotionen, die die Fakten bei mehr oder weniger zufällig befragten Passanten hervorgerufen haben. Deren Aussagen sollen eine angebliche Betroffenheit bezeugen; das Gestammel über die Tatsache, dass das, was passiert ist, doch »ziemlich schlimm« sei, soll dem Fernsehzuschauer den Eindruck vermitteln, selbst beteiligt zu sein, obwohl dabei nur die Spiegelneuronen gereizt werden. Die Bedeutung der Tatsachen verblasst angesichts der Dramatik der von Emotionen verzerrten Zeugen- und Passantengesichter, die dem Fernsehzuschauer vorgibt, welche Reaktion man von ihm erwartet. Somit ist nicht eine Analyse des Sachverhalts der vorrangige Zweck dieser Nachrichten, sondern eine vollständig unverbindliche Aufgeregtheit. Was als *»human interest«* in den ersten Soziologiekursen begann, ist heute nicht viel mehr als ein unerbittlicher medialer Strom immer neuer, nichtssagender Zeugen, mit denen sich niemand mehr verbunden fühlt.

Human interest verwandelt sich somit in eine Parodie dessen, was für eine Gemeinschaft wirklich wichtig ist. Bei Zuschauenden oder Zuhörenden wird der Anschein der Partizipation erweckt, der aber nichts weiter ist als die Persiflage einer Teilnahme des ansonsten machtlosen Bürgers mit dem einzigen Ziel, ihn als Konsumenten an den Sender seines Vertrauens zu binden. Anspruch auf Objektivität gibt es auch hier kaum noch – das mediale Wort ist radikal subjektiv geworden, es will lediglich der unmittelbaren Ich-Erfahrung genügen und erreicht kaum mehr das Niveau einer distanzierten Analyse. Die Lesenden von heute müssen die unendlich vielen Quellen selbst zu einem Weltbild ordnen; dazu aber sind sie nicht in der Lage, solange sie nicht gelernt haben, intellektuell zu ordnen und kritisch zu unterscheiden.

So dreht sich die sich selbst erfüllende Prophezeiung der Sphinx in ihrem fatalen Reigen: Wer weder die Symbolik in den Worten noch die Allegorie in den Fakten wahrnehmen kann, sondern nur ihre Buchstäblichkeit, weist jeden Versuch einer Erklärung als Indoktrination zurück. Die Meinungsfreiheit verkommt so zur Formlosigkeit des Denkens, und die Ideologie des Nichtgedachten greift wie ein alles verzehrendes Feuer um sich.

Flusser sprach auch darüber, was er die Vielfalt jedes Phänomens nannte: Sämtliche Wahrheiten sind gleichzeitig gültig und nehmen Wendungen, die kaum nachvollziehbar sind. Trotzdem bestimmen sie die Umstände, in denen wir leben, denken, arbeiten, uns lieben, sterben, in entscheidendem Maße mit. Auch das literarische Denken gerät vermehrt unter Druck: Man erwartet einerseits, vom Wort befreit zu werden, misstraut ihm andererseits jedoch so sehr, dass nichts mehr behauptet werden kann, ohne dass es gleichzeitig von allen Seiten zu spöttischen Relativierungen kommt. Welchen Wert haben Geschichten aber in einer Zeit, die Fiktion nicht mehr von Fake News unterscheiden kann? Und welche Rolle spielt eine literarische Imagination, die sich lediglich zwischen intimen Bekenntnissen und Vorurteilen bewegt? Die Frage nach dem Sinn der Worte wird schnell zur Schlange, die sich selbst in den Schwanz beißt. So gesehen hat die Informatik-Gesellschaft unsere

Existenzphilosophien auf den Kopf gestellt: Das »Sein in der Sprache« ist nicht länger das ontologische Haus, worüber Heidegger sprach, es ist zum wechselhaften Wolkenhimmel geworden, unter dem wir vom einen in den anderen Regenschauer geraten. Das Ende der Möglichkeiten von Literatur zeigt sich uns nicht länger im Kult der Stille oder des weißen Blatt Papiers oder in der Wortkargheit eines Samuel Beckett, sondern in der planetarischen Inflation der Worte und dem allgegenwärtigen *overkill* der unzusammenhängenden, uninterpretierten Kontexte. Aus diesem gigantischen Gemurmel formen sich die Menschen Geschichten, die mehr erzählen, als die Geschichten selbst es vermögen. Denn jede sinnvolle Geschichte wird von der Unfassbarkeit versunkener Bilder getragen – der gemeinsamen Unfähigkeit, in Worte zu fassen, was es bedeutet zu leben. Die grenzenlose Offenheit der Sprache liegt daher in ihrem unaussprechlichen Kern und nicht in ihrem sich endlos erweiternden Wuchern der Logomachie.

Eine neue Kartografie

Die amerikanische Anthropologin mit dem farbenfrohen Namen Anna Lowenhaupt Tsing erzählt in ihrem faszinierenden Buch *Der Pilz am Ende der Welt* eine wahrhaft außergewöhnliche Geschichte. Als die Autorin eines Tages in den durch die Industrie verschmutzten Wäldern von Oregon spazieren ging, traf sie dort auf Menschen aus Südostasien und dem Süden Chinas, die nach Pilzen suchten, genauer, nach einer bestimmten, merkwürdigen Pilzart: dem Matsutake-Pilz. Dieser Pilz wächst vor allem an den Wurzeln von Nadelbäumen, die er mit Nährstoffen versorgt. Ursprünglich nur in Japan vorkommend, gedeiht er auch in umweltbelasteten, vom Menschen verdreckten und zerstörten Böden prächtig. Der unansehnliche Schwamm gehört zu den exquisitesten Delikatessen der japanischen Küche, und seinen ungewöhnlichen, unangenehmen Geruch würden die meisten Bewohner der westlichen Welt mit Modergeruch vergleichen.

Warum aber suchten diese Leute in den amerikanischen, von Menschen zerstörten Wäldern nach diesem Pilz? Ganz einfach, weil er auf dem Markt ca. 90 Euro pro Kilo einbringt, ein Preis, der am Saisonanfang und für in japanischen Kiefernwäldern geerntete Pilze schon mal bis auf 900 Dollar klettern kann.

Lowenhaupt Tsing war zufällig auf ein merkwürdiges Paradox gestoßen: Das neue Gold des verschmutzten Planeten ist ein seltsam riechender Pilz, der von armen Schluckern geerntet wird, die sich damit ihren Lebensunterhalt verdienen. Damit trafen in diesen Wäldern zwei unterschiedliche Gruppen von Lebewesen zusammen, die beide – so könnte man sagen – an den Rändern der Wirtschaft zu verorten sind. Trotzdem sah Lowenhaupt Tsing darin ein prophetisches Zeichen – ihr wurde klar, dass wir anfangen müssen, darüber nachzudenken, wie wir auf dem, was sie »die Ruinen des Kapitalismus« nennt, leben wollen: eine gestörte Weltordnung mit unvorhersehbaren wirtschaftlichen Folgen, eine gestörte Erde mit Arten, die auf der Müllhalde der Industriegesellschaft gedeihen. Sie nennt dies »die kontaminierte Diversität«. Der Matsutake, klärt sie uns außerdem auf, war das erste Gewächs, das nach der Bombe auf Hiroshima wieder aus den verseuchten und verbrannten Böden hervorspross. Der Matsutake, diese Delikatesse für die reiche japanische Elite, wird von den Verbannten dieser Erde gesammelt, von armen Glückssuchern auf den Müllkippen unseres Wohlstands, in den Wäldern der nördlichen Hemisphäre fernab von Japan, fernab von ihrer südchinesischen Heimat. Sie sind Schicksalsgenossen all jener Kinder, die die toxischen Halden aus Computer- und Handyschrott nach winzigen Mengen Edelmetall durchforsten.

Diese Geschichte wird für Lowenhaupt Tsing zum Sinnbild unserer gegenwärtigen Lage: Wie sollen wir auf einem durch und durch verschmutzten Planeten überleben und mit welchen unabsehbaren Konsequenzen? Was und wer wird sich als wichtig erweisen? Was oder wer wird zur Nebensache, den wir bisher für lebenswichtig gehalten haben? Das weiß keiner, doch eines ist gewiss: Wir bewegen uns radikal auf andere Zeiten zu: Das Nebensächliche wird zur Hauptsache, und wir sehen uns gezwungen, im vollkommen verschmutzten Fluss des Lebens nach Möglichkeiten für das planetarische Überleben zu suchen, nach Pilzen und Menschen, die, wie nach einem Regenschauer, aus den verdreckten Böden unserer Gegenwart hervorschießen. Angesichts unserer momentanen Probleme erweist sich das meritokratische Leistungsdenken als nutzlos – es wäre besser, wir würden unsere Überlegungen auf die sich verändernden sozialen Netzwerke richten, auf bedrohte Minderheiten, abgeholzte Wälder, Mülldeponien, ausgetrocknete Flüsse und Seen und versauernde Ozeane. Auch wenn sich die Lobby der multinationalen Konzerne und die etablierte Machtpolitik noch dagegen sträuben, die großen, neuen Probleme werden die Marginalität verlassen und sich in die Mitte unseres Lebens drängen.

Die Kartografie unserer Welt ändert sich rasant. Die Weltkarte ist nicht länger etwas Statisches wie noch zur Zeit, als Mercator seine virtuosen Karten entwarf, sondern ein sich unaufhörlich verschiebendes Gefüge aus Grenzen, Neuordnungen, demografischen Verschmelzungen und grenzenlosem Wachstum urbaner Strukturen. Die französische Historikerin Frédérique Aït-Touati hat in ihrer Studie *Terra Forma* gemeinsam mit anderen Autorinnen Forschungsergebnisse präsentiert, die zeigen, wie wir unsere kartografische Wahrnehmung mithilfe von Elementen wie Ortsveränderungen, Höhenunterschieden, Randgebieten oder gar

Ruinen enorm verfeinern können. Im Buch finden sich außergewöhnliche Diagramme, abstrakte Zeichnungen und methodische Anleitungen, wie wir unsere Welt mit anderen Augen erfahren können. Sie lassen uns erkennen, dass die Erde im Grunde ganz anders ist, als sie in der traditionellen Kartografie bisher dargestellt und gedeutet wurde. *Terra Forma* statt *Terra Firma:* Die Erde ist nicht länger der feste Grund unter unseren Füßen, sondern ein Ort, den wir Menschen jetzt notgedrungen selbst umformen müssen, nachdem wir ihn derart beschädigt haben.

Die Erde ist nicht identisch mit der Welt. Mit diesem Satz lässt sich die Klimakrise knapp zusammenfassen. Es gilt auch hier, was Hannah Arendt sagte: »[M]enschliches Leben bedarf einer Welt nur, insofern es für die Dauer seines Hierseins eine Heimat auf der Erde braucht.« Die von uns so genannte »Welt« darf die Erde nicht länger ausbeuten, wie wir das seit der Industrialisierung getan haben, sondern wir müssen lernen, ihr Potenzial im Einklang mit ihr zu nutzen. Die Gleichsetzung von Erde und Welt wird verschwinden, weil wir die Erde nicht mehr ohne weiteres anthropomorphisieren können – der Begriff der »Erde« erweist sich immer mehr als Sammelbegriff für alles, was der mangelnden Aufmerksamkeit des modernen technischen Menschen bisher entging: planetarische Gleichgewichte, Biotope, ungeahnte Folgen des Klimaschutzmanagements wie beispielsweise die Freisetzung riesiger Mengen Methan durch das Auftauen des Permafrostbodens. Deshalb spricht Bruno Latour, in Anlehnung an den britischen Wissenschaftler James Lovelock, schon seit Längerem nicht mehr von der Erde, sondern von Gaia. Unter dem Titel *Kampf um Gaia* hat Latour acht Vorträge über »das neue Klima-regime« veröffentlicht. Gaia ist nicht die Welt; die Welt als Konstrukt des Menschen ist nur ein Teil von ihr, und zwar der instabilste, am wenigsten berechenbare. Die Technologie, Hauptmittel der Beherrschung unseres Planeten, hat zu einem unvorhersehbaren Kollateralschaden geführt, dessen negative Auswirkungen wir wohl nur durch den Einsatz von noch mehr Technologie werden erfassen und eindämmen können.

Latour fragt sich, ob Kultur für uns auch dann noch ein erstrebenswertes Ideal sein kann, wenn wir nicht mehr sicher sind, unseren Kindern einen lebenswerten Planeten hinterlassen zu können. In seinen Augen ist eine Kultur, die auf Rationalität und Technologie beruht, eine enorme Fehleinschätzung. In Gaia spielt der Mensch nicht die Hauptrolle, sondern ist nur eine Spezies unter vielen, die irgendwann aufgehört hat, sich harmonisch in das Gefüge der Lebewesen einzugliedern. Im Wissen darum werden wir unsere alten Kartografien neu denken müssen. Die bisherigen Weltkarten sind geprägt von Anthropozentrismus, Kolonialismus und Geozentrismus. Doch mit deren Logik erschaffen wir nicht die notwendigen Verknüpfungen und Bedingungen, die das Leben kommender Generationen sichern. Der Raum strukturiert sich gegenwärtig auf eine so drastische Weise um, dass wir keine Kontrolle darüber haben. Es ist höchste Zeit, dass wir uns fragen, wie wir mit Problemen umgehen wollen, die wir selbst verursacht haben, aber nicht mehr steuern können. Latours Denkweise könnte dabei eine entscheidende Rolle spielen.

Auch unsere Zeitwahrnehmung verändert sich unter diesen veränderten Bedingungen. Seit der Aufklärung verstanden wir Zeit als eine Art Pfeil, der sich in einem imaginären Raum »vorwärts immer« bewegt, wie das in den alten Kampfliedern emanzipatorischer Bewegungen so schön heißt. Gegenwärtig entwickeln wir ein verändertes Zeitverständnis und begreifen bereits seit einigen Jahrzehnten die kosmischen Gesetze von Raum und Zeit besser. Dennoch löst sich der Mensch nur zögernd von der Vorstellung, dass die Zeit eine geradlinige Entwicklung hin zu mehr Freiheit darstelle. Obwohl die Befreiungsbewegungen auf der ganzen Welt nach wie vor für die Rechte von Minderheiten kämpfen müssen und immer mehr Faktoren auf eine starke Regression hinweisen, hält sich die Illusion hartnäckig, wir würden uns in eine Richtung bewegen, die vorwärts weist.

Frühere Kulturtheorien basieren auf anderen Erfahrungen. Keine einzige Griechin und kein einziger Grieche der Antike wären auf die Idee gekommen, die Zeit würde sich zum Positiven hin entwickeln. Sie sahen in den zivilisatorischen Kontexten eher Anzeichen für den Niedergang und den Verlust alter Sitten und Bräuche als die Entstehung von etwas Neuem – auch weil sie das Neue nicht automatisch mit der Zukunft verbanden. Seit Nietzsches bekannter These von der ewigen Wiederkunft des Gleichen ist der Kulturpessimismus zum klassischen Gegenpol des Kulturoptimismus geworden. Beide halten sich die Waage und heben sich gegenseitig in ihrer Wirkung auf.

Die Verwendung des Begriffs »Fortschritt« ist nur im Zusammenhang mit dem Begriff der »Welt« sinnvoll; im Kontext der Erde, Gaia, ist er bedeutungslos. Gaias Existenz verläuft nicht progressiv, sondern ist geprägt von der

Entstehung und dem Untergang der Arten und Biotope, was jedoch nicht in einer zyklischen oder linearen, sondern in einer völlig unberechenbaren und blind evolutionären Bewegung geschieht. Gaia existiert ohne das geringste Zeitverständnis und ist nur dem kosmischen Gesetz der Entropie, bekannt als zweiter Hauptsatz der Thermodynamik, untergeordnet: der globale Verlust von Wärme und Energie. Das bedeutet, dass es, entgegen der Meinung des britischen Geschichtsphilosophen Arnold J. Toynbee, weder auf planetarischer Ebene noch auf kosmisch-entropischer Ebene einen Wechsel zwischen Zeiten des Verfalls und Zeiten des Aufstiegs geben kann. Aus dieser Feststellung lässt sich jedoch nur schwer eine Politik ableiten, die das Leiden auf der Welt mindern will, das heißt eine bessere zukünftige Welt anstrebt. Eine bessere Welt lässt sich mithilfe eines Fortschrittsoptimismus nich erschaffen, sondern nur durch einen grundlegend anderen Umgang mit der für Gaia charakteristischen Zeit. Laut Walter Benjamin gibt es keine Zeiten des Verfalls; alles entwickelt sich in Prozessen von Aktion und Reaktion.

Nicht anders verhält es sich mit der Kartierung unseres westlichen demokratischen Erbes. Die heutigen Migrationsströme durchschneiden die Meridiane, die früher so sichtbar unsere stimmungsvoll erleuchteten Schreibtischgloben durchzogen. Diese geometrischen Linien, die einst ganz andere Zeitzonen markierten – der Nullmeridian von Greenwich, all die beruhigenden Linien, die unsere Erde einteilten und so Ordnung in die alten, verschlungenen Linien Gaias brachten –, werden heute gnadenlos von den komplexen Bewegungen durchkreuzt, die eine Folge der durch den Klimawandel und die postkolonialen Kriege hervorgerufenen Migration sind. Während die alten Linien – auch die zwischen der nördlichen und südlichen Hemisphäre und die zwischen unterschiedlichen Einflusssphären beispielsweise während des Kalten Kriegs oder anderer weltpolitischer Auseinandersetzungen – eine scheinbar fest gefügte Ordnung garantiert haben, vermitteln uns die neuen Linienverläufe der weltweiten Migration nun das Gefühl, Übersicht und Kontrolle zu verlieren. »Erde« und »Welt« sind nur noch durch ein krisenhaftes Verhältnis miteinander verbunden. Das schürt Unruhe in unseren Gemeinschaften und bringt sie gründlich aus dem Gleichgewicht. Während der Sozialvertrag früher von der Idee der traditionellen Gastfreundschaft geprägt war, dominiert heute der Streit zwischen dem, was noch nicht so lange autochthon und allochthon genannt wird. Als autochthon gilt, wer an einem bestimmten Ort der Erde verwurzelt ist und diesen seinen »eigenen Boden« nennen darf. Als allochthon gilt, wer von einem Ort stammt, der irgendwo anders liegt, und dadurch anders ist. Doch diese Unterscheidung ist obsolet geworden. Die alten Götter, auch »chthonische Götter« genannt, waren Erdgottheiten, die aus der Unterwelt stammten; ihre chthonische Existenz, das heißt ihre Erdverbundenheit, war wörtlich zu nehmen.

In Zeiten wie heute, in denen Gaia eine Sprache spricht, die wir längst vergessen haben, tritt das Chthonische auf eine ganz andere Weise zutage: als das Recht aller Menschen, den Grund und Boden jenes Landstrichs zu bewohnen, in den es sie aufgrund der zahllosen Krisen der Welt verschlagen hat. So etwas wie den »natürlichen« Zustand des »chthonischen Seins« gibt es nicht mehr, genauso wenig wie den streng räumlich begrenzten *contrat social*. Das meiste, was früher lokal geschah, hat nun Auswirkungen auf die gesamte Erde. Alle Zeichen stehen auf eine bevorstehende Metamorphose des irdischen Lebens – ob wir das wollen oder nicht. Wir befinden uns nicht, wie oft behauptet wird, am Ende der Globalisierung, sondern wir nähern uns lediglich dem Verfallsdatum des globalen Neoliberalismus und des damit verbundenen Raubbaus an der Erde. Der Traum vom humanistischen Universalismus kollidiert heftig mit den Auswirkungen der wirtschaftlichen Globalisierung.

Alles, was früher selbstverständlich schien, muss heute neu erkämpft werden. Sowohl die Natur als auch die Demografie sind instabile Systeme, die fortwährend dazu tendieren, gestörte Gleichgewichte wieder ins Lot zu bringen. Diese werden dann kurze Zeit später erneut gestört, weshalb ihrer Dynamik ein gewisses Maß an Krise und Entropie eigen ist. In diesem Sinne könnte man die Gesellschaft »natürlich« nennen: Sie beweist, dass Strukturen zwar der Entropie unterliegen, sich aber trotzdem erhalten: Natur und Gesellschaft sind damit sowohl selbstzerstörerische als auch selbstregulierende und folglich schöpferische Systeme. Der kulturelle Habitus besteht heute weniger im Bewahren alter Praktiken als in der verstärkten Neigung, Grenzen einzureißen, was dazu führt, dass alles sich neu mischt und neu ausrichtet.

Gegen diesen schöpferischen Impuls, der ein Element des modernen Nomadentums ist, begehren die identitären

Nationalisten auf. Für sie ist jede Form der Vermischung dekadent, obwohl längst bekannt ist, dass Arten nicht durch eine künstliche Monokultur erstarken, sondern durch ihr natürliches Vermögen, sich untereinander zu kreuzen. Auch in unserer heutigen Welt, wo die Mobilität zur wichtigsten menschlichen Aktivität geworden ist, spielt Vermischung eine große Rolle und bestimmt, wie sich Kulturen in einer globalisierten Welt zueinander verhalten: Ihr Vermögen zur gegenseitigen Destabilisierung ist gleichzeitig auch ihr Vermögen zur Regeneration. Entgegen den Behauptungen der Befürworter eines »Kampfs der Kulturen« sollten wir versuchen herauszufinden, ob es so etwas wie eine neue Ökologie der planetarischen Kultur gibt: Wo sind ihre Biotope? Wie sehen ihre Lebensbedingungen aus? Welche Einflüsse zerstören ihr Verwirklichungspotenzial, und wie kann man sie schützen, bewahren, miteinander mischen und stimulieren?

Die Neukonzeption der alten Kartografien setzt nahezu auf jeder Ebene den Einsatz von Fantasie und die Bereitschaft voraus, nicht in den statischen Konturen untergehender Imperien zu denken, sondern in den dynamischen einer sich schnell wandelnden Welt. Angesichts der Ertrunkenen vor den libyschen, tunesischen und türkischen Küsten, angesichts der Dramen auf Lampedusa, Lesbos, angesichts all der anderen menschlichen Tragödien, die sich an den Küsten des – angeblich alle Länder des Mittelmeers kulturell miteinander verbindenden – *mare nostrum* abspielen, angesichts der Orte, wo sich unerwartet Zoonosen bilden, angesichts eines drohenden erneuten Ausbruchs von Ebola, angesichts der Distanzen, die die Pandemien in einer

Zeit der pausenlosen weltumspannenden Mobilität zurücklegen, angesichts der Weltkarte der Armut und Ausbeutung, der städtischen Hitze-Inseln, der riesigen Waldbrände und schmelzenden Gletscher, angesichts des massiven Abholzens der Wälder und Urwälder, der im Meer versinkenden Umrisse tropischer Inseln, angesichts des neuen Landes, das durch das Auftauen der Permafrostböden freigelegt wird, angesichts der Wanderwege der großen Säugetiere, die seit Millionen von Jahren existieren und die jetzt zerstört werden: Unsere gesamte Kartografie erfordert eine dringende Neugestaltung. Es gilt, nicht nur diese Bewegungen, sondern auch unser Denken über Nationen, Kulturen, Kontinente, Kriege, Konflikte, Ökonomien, Migrationen, Hungersnöte, Naturkatastrophen, Biodiversität und Aussterben pausenlos neu zu kartieren und diese neuen Kartografien im Logbuch unserer komplexen Gegenwart genauestens zu dokumentieren.

Hoffnung als Prinzip

Als ich vor einigen Jahren den kleinen spanischen Küstenort Portbou besuchte, war es entsetzlich heiß, es herrschte eine jener außergewöhnlichen Hitzewellen, die uns die Tatsache nicht mehr leugnen lassen: Das Klima verändert sich in rasendem Tempo. Damals starben allein in Frankreich Tausende Menschen infolge der ungewöhnlichen Hitze. Vom Wasser her wehte uns ein salziger, trockener Wind entgegen und brannte in den Augen, der Cortenstahl des Denkmals, das wir besuchten, glühte. Hier hatte der große deutsche jüdische Philosoph Walter Benjamin am 27. September 1940 Suizid begangen, am Ende seiner Kräfte. Die spanische Grenzpolizei hatte sich geweigert, die Gruppe von Flüchtenden, zu denen Benjamin gehörte, weiterreisen zu lassen, und er befürchtete, in das nahegelegene Internierungs- und Deportationslager Camp des Milles gebracht zu werden. In der Aktentasche trug er das Manuskript bei sich, an dem er in der Pariser Bibliothek bis zuletzt gearbeitet hatte: seine Thesen über den Begriff der Geschichte. Zur Illustration einer dieser Thesen beschreibt er, wie die Verkörperung der Geschichte in seinen Augen aussehen könnte: wie ein riesiger Engel, der auf die schwelenden Überreste des Paradieses starrt, die Flügel »aufgespannt«. Er konnte die Flügel nicht mehr schließen, nachdem vom verkohlten Paradies, dessen Schutt sich hoch bis in den Himmel türmte, ein so starker, heißer Wind aufgestiegen war, dass er rückwärts in die Zukunft geweht wurde. So leben wir Menschen, die wir von verlorenen Paradiesen träumen: den Blick auf das verlorene Paradies gerichtet und blind mit dem Rücken zur Zukunft. Dieses unvergessliche Bild einer möglichen Apokalypse, niedergeschrieben, während der Holocaust sein dämonisches Grauen voll entfaltete, lässt uns verstummen vor Schreck. Doch mittlerweile kann das Bild auch anders interpretiert werden – als ein Sinnbild der Klima-Apokalypse: die durch den Klimawandel verursachte katastrophale Verschmutzung von Meer und Land und das große Aussterben zahlloser Spezien. Und wir Menschen starren währenddessen auf unsere flackernden Bildschirme mit Dokumentarfilmen über das verlorene Paradies der Natur, gefilmt in wunderbaren Farben und gespickt mit romantischen Texten und Klischees.

In Portbou befindet sich auch der bescheidene Gedenkstein für Benjamin, auf dem der Satz eingemeißelt steht:

Es ist niemals ein Dokument der Kultur, ohne ein solches der Barbarei zu sein.

In einem faszinierenden Text über die Frage, was Zeitgenossenschaft für uns bedeutet, behauptet Giorgio Agamben, dass wir die Gegenwart erst dann verstehen, wenn wir uns nicht länger von ihr blenden lassen: »Zeitgenössisch ist derjenige, der seinen Blick fest auf seine Zeit richtet, um nicht deren Glanz, sondern deren Finsternis zu sehen. [...] Zeitgenössisch ist, wer die Dunkelheit seiner Zeit als etwas wahrnimmt, das ihn angeht, das nicht aufhört, ihn anzusprechen, etwas, das sich mehr als jedes Licht unmittelbar und ausschließlich an ihn richtet. [...] Zeitgenosse ist derjenige, dem die Strahlen der Finsternis seiner Zeit frontal ins Gesicht fallen. Am Firmament des Nachthimmels sind die leuchtenden Sterne von tiefster Finsternis umgeben. [...] Die Verabredung, um die es in der Zeitgenossenschaft geht [...] [bedeutet] zugleich in der Finsternis der Gegenwart das Licht zu erkennen, das, ohne uns je erreichen zu können, uns beständig entgegenreist.« Nur indem wir versuchen zu erkennen, was an unserer eigenen verwirrenden Zeit unbegreiflich ist, können wir Agambens Meinung nach unserem Leben einen Sinn verleihen. Das Uralte reicht dabei dem Neuesten die Hand. Agamben hält die Person für zeitgenössisch, die es vermag, im letzten Schrei *(le dernier cri)* eine Spur des allerersten Schreis zu entdecken, eine Spur auch des Ursprungs einer potenziellen Bedeutung, des Ursprungs, den es in Wahrheit nie gegeben hat, der aber in uns vorhanden ist als Mutmaßung und als eine Möglichkeit, die Gegenwart nicht nur als momentane Verblendung zu verstehen, sondern als etwas anderes. Obwohl die heutige Zeit wie besessen ist vom Bedürfnis nach Transparenz, verbleibt vieles im Schatten unseres Verständnisses. Der französische Philosoph Alain Badiou formuliert das in der Interpretation eines Gedichts des durch Stalin ermordeten Dichters Ossip Mandelstam so: »Dies ist zweifellos das Courage-Prinzip jeder Unternehmung des Denkens: Der Zeit anzugehören, aber in einer beispiellosen Nicht-Zugehörigkeit. Den Mut zu haben, ›unzeitgemäß‹ zu sein, wie Nietzsche sagt. Jedes echte Gedicht ist eine ›unzeitgemäße Betrachtung‹«.

Doch: *Where are we now,* wie David Bowie mit verzweifelter Stimme sang, kurz vor seinem Tod? *The moment you know you know, you know* – oder mit anderen Worten: Sobald man die Wahrheit kennt, muss man sich dessen vollkommen bewusst sein und Schlüsse daraus ziehen. Bowie spricht damit das sogenannte Meta-Bewusstsein an: Wann wissen wir, dass unser Wissen ausreicht, um handeln zu können? Utopische Ideen zur Rettung der Gesellschaft aus ihrem permanenten Krisenzustand enden häufig in Träumen einer vollendeten Heilung. Diese Träume wiederum münden schnell in eine Furcht vor oder eine Verdrängung von Instabilität, die jedoch die Grundbedingung einer lebensfähigen Kultur ist. Womit jede Hoffnung, man könne eine Gesellschaft von oben heilen, ambivalent ist. Politische Entscheidungen und Regulierungen können einerseits die soziale und ökologische Gerechtigkeit enorm vorantreiben, andererseits jedoch auch das empfindliche Gefüge der Übergangskulturen aus dem Gleichgewicht bringen, weil sie zu viel festlegen oder verfügen möchten. Gentrifizierungsprojekte in Brennpunktvierteln sind ein anschauliches Beispiel für diese Ambivalenz.

Nichts ist so heikel wie die Institutionalisierung der Hoffnung. Hoffnung in das theoretische Ideal einer Gemeinschaft zu setzen, ist so etwas Ähnliches, wie in Bitcoins zu investieren: Man weiß nicht so recht, was sich dahinter verbirgt und was man danach in Händen halten wird. Hoffnung muss sich an das Konkrete halten, wenn sie wirklich dynamisch sein will – Ernst Bloch sprach in *Das Prinzip Hoffnung* davon, »das Hoffen zu lernen« und damit von der Hoffnung, die wie eine kulturelle Praxis gebildet und weitergegeben wird, Hoffnung, die darauf zielt, die Erniedrigung der Schwachen durch selbstsüchtige Herrscher zu beenden. Globale Utopien sind dabei weniger hilfreich, weil sie auf Generalisierungen beruhen und deshalb für konkrete Heilungserfolge kaum taugen. Die Hoffnung, die Kartografie unserer gegenwärtigen Wirklichkeit neu entwerfen zu können, erfordert ein Offenlassen des Textes, der dabei ist, *uns* zu verfassen – entgegen der bisherigen Ansicht, wir wären die Autoren dieses Textes. Es genügt nicht, seine Hoffnung in die Götter zu setzen, schreibt Friedrich Hölderlin: Man muss das Göttliche in sich selbst nach Hause kommen lassen. Das, was Hölderlin »das Offene« nennt, ist die Umschreibung einer anderen Lehre der Aufklärung. Hierbei geht es nicht um die stetig wachsende Beherrschung der Welt durch die Technik, sondern darum, sich den Gefahren der eigenen Zeit gegenüber zu öffnen. Der Versuch, auf den »kommenden Gott« einer noch unbekannten Weltordnung zu hören, war für Hölderlin ein Akt des revolutionären Denkens.

Bei meinem Besuch der modernen, eindrucksvollen Bibliothek von Alexandria sah ich zwei verschleierte junge Musliminnen sich kichernd über ein Buch von Michel Houellebecq beugen. Wie verändern neue kulturelle Positionen, und zwar nahezu täglich, unsere »Einbildungskraft der Bibliothek«? Über dem Eingang der antiken Bibliothek von Alexandria, in der im 1. Jahrhundert vor unserer Zeitrechnung ungefähr 700 000 Schriftrollen aufbewahrt wurden, bezeichnete eine Inschrift den Ort als »Heilstätte der Seele«. Diese alte Schatzkammer, die jahrhundertelang unendlich viele Geschichten der mediterranen Kultur bewahrte, fiel einem Brand infolge militärischer Aktionen, der Vernachlässigung und schließlich der Zerstörung durch Mönche und Vandalen zum Opfer, die kaum oder gar nicht lesen konnten. Der Verlust an Wissen für unsere Weltkultur war enorm, und er wurde verursacht durch kulturelle Gleichgültigkeit und mangelndes Geschichtsbewusstsein.

Ein paar Jahrhunderte vorher reiste der Tragödiendichter Aischylos von Athen nach Sizilien, im Gepäck seine gesammelten Werke. Der albanische Schriftsteller Ismail Kadare erinnert uns daran, dass Aischylos' Gesamtwerk, in Tontafeln geritzt, insgesamt durchaus einige Tonnen gewogen haben könnte. Ich stelle mir vor, wie der alte Dichter mühsam das Schiff besteigt, die Segel stehen im Wind, das Gefährt liegt aufgrund der Last tief im Wasser, das ganze Gewicht geistiger Arbeit. Wir wissen, dass der größte Teil von Aischylos' Werken verloren gegangen ist; nur eine Handvoll seiner Tragödien sind bis in die heutige Zeit überliefert und vermögen noch immer unsere Fantasie anzuregen. Sie greifen auf alte Mysterien, Riten und Geheimnisse zurück, auf anthropologische Rätsel einer Zeit, die wir kaum ergründen können. In den *Eumeniden* beschreibt Aischylos eine Welt, in der die alte Blutrache durch Verständnis und Vergebung ersetzt werden soll, weil ein demokratischer Stadtstaat nicht auf Hass und Missachtung des anderen basieren kann. Kadare weist ebenfalls darauf hin, dass Aischylos damit eine Schuld der Griechen eingesteht, die diese auf sich luden, als sie Troja zerstörten.

In der Geschichte *Die Bibliothek von Babel* beschreibt Jorge Luis Borges, wie er sich das Universum erträumt: Das Weltall, sagt er, nennen andere die Bibliothek. Diese Bibliothek ist ein unendliches Labyrinth sechseckiger Zimmer, mit unzähligen Regalen voller Schriften, die bereits geschrieben sind oder noch geschrieben werden müssen. Dieses Universum umfasst alle Fragen, die die Menschheit jemals stellen, und alle Antworten, die sie jemals finden wird. Die unendliche Unordnung all unserer Bibliotheken zusammengenommen bildet, so Borges, die einzige Ordnung, die wir haben. Es ist die Ordnung des Universums, in dem zu leben wir gewohnt waren – ein »Uni-versum«, was wörtlich heißt: dem Einen zugewandt, der Vorstellungskraft, die uns zusammenhält und die sich mit jedem neuen Buch bestätigen muss.

Nach den Worten

Der Zeitgenosse ist ahnungslos: Dieser Gedanke von Victor Klemperer stand am Anfang meiner hier veröffentlichten Notizen. Und nun an ihrem Ende, während ich gerade eben noch in der irrigen Annahme verkehrte, mich durch Borges' Worte mit dem versöhnt zu haben, was mich so sehr plagt, überfiel Putin die Ukraine. Mit einem Schlag änderte er damit alles, was wir bisher unter »Europa« verstanden, und stellte unsere Ansichten über die bestehende Weltordnung auf den Prüfstand. Klemperers Worte erwiesen sich erneut als prophetisch. In einer Situation wie dieser mag ein Nachwort rasch als überflüssig erscheinen; denn das, was sich gemeinhin nach den Worten einzustellen pflegt, am Punkt, an dem Sprache nichts mehr vermag, ist nicht der Moment der Stille, sondern der Anfang von Gewalt.

Die Wortlosigkeit der Gewalt ist ohrenbetäubend. Das zeigte sich, als es allen diplomatischen Bemühungen zum Trotz Bomben auf Kiew, Mariupol und Tschernihiw regnete, als die gefährliche atomare Sperrzone von Tschernobyl gewaltsam eingenommen wurde und uns die grauenhaften Nachrichten aus Butscha erreichten. Wir wurden mit dem zynischen Leugnen vonseiten des Aggressors konfrontiert. Inzwischen sind große Teile der Ukraine verwüstet und bekommen wir täglich Bilder zu sehen, die von einer Welt zeugen, wie sie Walter Benjamin beschrieben hat: eine Welt, die brennt und vor der wir mit dem Rücken zur Zukunft voller Entsetzen zurückweichen. Wenn wie jetzt alle Grenzen, gleich welcher Art, überschritten werden, überfällt uns das Undenkbare und nimmt seinen Lauf. Bricht ein Krieg aus, setzt der Albtraum der Wirklichkeit ein und stellt alles, was wir bisher in unserer intersubjektiven, sicheren Welt für möglich gehalten haben, auf den Kopf. Das ukrainische Volk ist nun nach dem »Auftauchen der Massen auf der Bühne der Geschichte«, wie es in der stalinistischen Zeit hieß, und den darauffolgenden Gräueln des Holodomor in den Dreißigerjahren, erneut mit dem Größenwahn eines skrupellosen Aggressors konfrontiert und muss erkennen, dass die Bühne der Geschichte wieder einmal von einer einzigen gewaltsüchtigen Figur regiert wird und nicht von Mehrheiten, die die Selbstbestimmung zum Ziel haben.

Egal, wie unvorsichtig und vielleicht sogar provokativ die westliche Unterstützung des Euromaidan in Kiew 2014 gewesen sein mag, kein einziges geopolitisches Motiv rechtfertigt derartige kriegstreiberische Eingriffe in das Zeitgeschehen eines souveränen Landes und dessen Recht auf Selbstbestimmung. Während eines Kriegs wird alles, was nicht im Zeichen der Gewalt steht, zur Nebensache, zuallererst aber unsere Theorien über Kultur und Gesellschaft. Das ist die negative Metaphysik des Krieges: Kriegszeiten machen sämtliche Versuche der Transzendenz und Reflexion zunichte. Wer nach Erklärungen sucht, um Kriegsgewalt verständlich zu machen, impliziert, dass es triftige

Gründe dafür geben könnte, Wörter durch die Sprachlosigkeit des Terrors zu ersetzen. Vielleicht sollten wir allem zum Trotz am Gedanken festhalten, dass unsere einzige Möglichkeit zur Transzendenz in den Wörtern liegt – egal, wie sehr sie uns auch zu spalten vermögen.

Für den, der an Gott glaubt, ist das göttliche Wort fleischgeworden, doch wer nicht an Gott glauben kann, dem bleibt nur, das gewöhnliche Fleisch, den Menschen, zum Wort werden zu lassen – und dieses Wort und die Wörter dann dem sprachlosen, vor dem Tod fliehenden Körper zurückzugeben. Denn eigentlich liefern uns sämtliche abstrakte *Essentialia* nicht mehr als einen stets zurückweichenden Horizont, während sich das Leben vor unseren Augen abspielt. Transzendenz ist nicht der Glaube an eine abstrakte Idee, sondern das Bewusstsein, dass Transzendenz auf jede Form von Gewalt verzichten sollte. Diplomatie erreicht dort ihre Grenze, wo die Invasion beginnt. Die Nichtanerkennung der Grenze ist ein Merkmal brutaler diktatorischer Gewalt: Der Gewaltherrscher füllt die Lücken, welche Toleranz und *soft power* ihm lassen, mit der wortlosen Sprache des Todes. Ein Diktator, der die Macht an sich reißt, besetzt damit den Raum, der im Dialog für die Replik reserviert war.

Das Versprechen der Toleranz geht immer auf Kosten des hoffnungsvollen Menschen selbst zurück, der oft mit seinen zerbrochenen Illusionen zurückbleibt; diese Hoffnung kann auch den Opfern, die vor dem Tod der Sprache fliehen, nicht helfen. Die Wörter bilden unser einziges »Laboratorium des möglichen Heils«, wie Ernst Bloch es erhaben ausdrückte. Aber sie bilden auch, in den Mündern der

Führer, die entschlossen sind, bis zum bitteren Ende zu lügen, den Zugang zur Hölle. Wir haben keinerlei Garantie, dass der Gebrauch von Wörtern uns den Weg zur Transzendenz ebnet.

Nicht umsonst behauptet Rüdiger Safranski in seinem Buch *Das Böse*, dass das Böse dort beginnt, wo das Gefühl für die Transzendenz verloren geht. Möglicherweise ist es genau diese Erfahrung, die sich im Moment in einer tiefen Krise befindet. Zum einen ist da der massive Verlust der transzendenten Erfahrung, der mit der Entzauberung der Welt einherging und zu dem Skepsis und Ironie wesentlich beigetragen haben. Auch wenn die Entzauberung der Welt uns von den alten Formen des Aberglaubens befreit haben mag, so wurde dabei doch das Kind mit dem Bade ausgeschüttet: Unser Vermögen, die Grenzen unseres Ichs zu übersteigen, blieb dabei auf der Strecke. Eine Welt, die ihre eigene Finsternis nicht begreift, kann keinerlei Aufklärung für sich in Anspruch nehmen. Mit dem Rückzug ins Weltliche haben wir uns jahrzehntelang in der Illusion gewiegt, dass wir uns vom Irrglauben befreien können, wenn wir jede Form der Transzendenz in das Schmuckkästchen der Geschichte verbannen. Zum anderen werden wir geradezu überwältigt vom Wildwuchs unterschiedlichster Formen verkappter Transzendenz, von ziel- und zwecklosem Vitalismus, vom Drang, extreme Bedürfnisse stillen zu müssen, von der wieder erwachten Neigung zu Esoterik und Sektenbildung, vom üppigen Wuchern des Aberglaubens in der Gestalt von *fake truth* und »alternativen Fakten«.

Transzendenz sollte jedoch nicht aus der Schwärmerei eines von Nostalgie ergriffenen Geistes bestehen, sondern die Grundlage für jede Idee des Fortschritts bilden – das heißt für den Willen, existierendes Leid zu mildern. Die Wörter sind oft Wegbereiter von Gewalt, wenn aber Gewalt ausbricht, sind die Wörter am Ende. Daher bedeutet potenzielle Gewalt stets den Tod unseres eigenen Sprechens. Krieg und Transzendenz gehen immer einen geheimen Bund ein: Gewalt offenbart, wo sich unsere vergessene Hoffnung auf transzendente Verbundenheit verbirgt. Verzweifelte Menschenmassen, die sich auf Grenzen zubewegen, hinter denen sie sich Freiheit erhoffen, geben einer solchen verlorenen Transzendenz eine Gestalt, in der wir erkennen, was wir vernachlässigt haben. Damit sind Menschen, die vor dem mit Panzern und Bomben herbeigeführten Ende jeglichen Sprechens flüchten, Parias unseres Gewissens, *homines sacri,* rechtlose Menschen, Verkörperungen unserer verlorenen Transzendenz. Sie sind Benjamins profanierte Engel der Geschichte – in einer Welt, die sich sehnt nach neuen Formen der Hoffnung.

Danksagung

Mein tiefster Dank gilt den stets begeisterten und bienen-
fleißigen Mitarbeiterinnen meines niederländischen Verlags
De Bezige Bij, Francien Schuursma und Suzanne Holtzer,
die mich während eines Zoomgesprächs im letzten Lock-
down, Dezember 2021, dazu ermunterten, diese Essays zu
schreiben. Ich danke auch meinem Lektor und guten
Freund Wil Hansen für sein kreatives Mitdenken, seine
Vorschläge und dafür, die Schlussredaktion zu einem guten
Ende gebracht zu haben. Außerdem bin ich Nienke Bee-
king und Chris Junge für die sorgfältige Druckvorbereitung
des Manuskripts zu großem Dank verpflichtet. Und vor allem möchte ich meiner Frau Sigrid danken, die mit ihrem
Adlerauge und scharfem Verstand die Endfassung von letzten Nachlässigkeiten befreit hat.

Literaturverzeichnis

ADORNO, Theodor W., *Eingriffe. Neun kritische Modelle*. Frankfurt am Main: Suhrkamp 1963.

ADORNO, Theodor W., *Aspekte des neuen Rechtsradikalismus. Ein Vortrag*. Berlin: Suhrkamp 2019.

AGAMBEN, Giorgio, »Die Zivilisation wird nicht mehr dieselbe gewesen sein«. In: NZZ vom 28.10.2020. [https://www.nzz.ch/feuilleton/giorgio-agamben-und-corona-zeugnis-ablegen-von-unserer-gegenwart-ld.1583059], aus dem Italienischen von Barbara Hallensleben.

AGAMBEN, Giorgio, *Homo sacer: Die souveräne Macht und das nackte Leben*. Aus dem Italienischen von Hubert Thüring, Frankfurt am Main: Suhrkamp 2002.

AGAMBEN, Giorgio, »Was ist Zeitgenossenschaft?«. In: Agamben, Giorgio: *Nacktheiten*. Aus dem Italienischen von Andreas Hiepko. Frankfurt am Main: Fischer 2010, S. 21–36.

AGAMBEN, Giorgio, *Wenn das Haus brennt.* Aus dem Italienischen von Andreas Hiepko. Berlin: Merve 2023.

AGAMBEN, Giorgio, *An welchem Punkt stehen wir? Die Epidemie als Politik*. Aus dem Italienischen von Federica Romanini, Wien/Berlin: Turia + Kant 2021.

AÏT-TOUATI, Frédérique, e. a., *Terra Forma. Manuel de cartographies potentielles*. Paris: Éditions B42 2019.

ARENDT, Hannah, *Über die Revolution. Wie Revolutionen unsere politische Zukunft beeinflussen*. Hrsg. von Thomas Meyer, München: Piper 2020, S. 62.

ARENDT, Hannah, *Die Freiheit, frei zu sein.* Hrsg. von Thomas Meyer, München: dtv 2018.

ARENDT, Hannah, *Zwischen Vergangenheit und Zukunft, Übungen im politischen Denken* I, München: Piper 1994 (Hg. von Ursula Ludz).

BADIOU, Alain: *Das Jahrhundert.* Aus dem Französischen von Heinz Jatho, Wien: Diaphanes Verlag 2006.

BALIBAR, Étienne, *Voor een ander Europa. Essays, lezingen, stellingen.* Amsterdam 2019.

BARBER, Benjamin, *If Mayors Ruled the World. Dysfunctional Nations, Rising Cities.* Yale: Yale University Press 2014.

BENJAMIN, Walter, »Über den Begriff der Geschichte«. In: *Gesammelte Schriften, Werkausgabe* I,2, S. 691–704. Frankfurt am Main: Suhrkamp 1980.

BLANCHOT, Maurice, *Le livre à venir.* Paris: Gallimard 1959.

BLANCHOT, Maurice, *Der Gesang der Sirenen. Essays zur modernen Literatur.* Aus dem Französischen von Karl Heinrich Horst, Frankfurt am Main: Fischer Verlag 1988.

BLOCH, Ernst, *Das Prinzip Hoffnung.* Frankfurt am Main: Suhrkamp 1973.

DEBORD, Guy, *Die Gesellschaft des Spektakels.* Aus dem Französischen von Jean-Jacques Raspaud, Berlin: Edition Tiamat 1996.

DENNETT, Daniel, *Darwins gefährliches Erbe. Die Evolution und der Sinn des Lebens.* Aus dem Englischen von Sebastian Vogel, Hamburg: Hoffmann & Campe 1997.

DERRIDA, Jacques, *Le monolinguisme de l'autre.* Paris: Galilée 1996.

DERRIDA, Jacques, *Von der Gastfreundschaft.* Aus dem Französischen übersetzt von Markus Sedlaczek, Wien: Passagen 2018.

DERRIDA, Jacques, *Wie nicht sprechen.* Aus dem Französischen von Hans-Dieter Gondek, Wien: Passagen 2014.

DIAMOND, Jared, *Kollaps. Warum Gesellschaften überleben oder untergehen.* Aus dem Amerikanischen von Sebastian Vogel. Frankfurt: S. Fischer 2005.

ERIBON, Didier, *Rückkehr nach Reims.* Aus dem Französischen von Tobias Haberkorn, Berlin: Suhrkamp 2016.

EYAL, Nadav, *Revolte. Der weltweite Aufstand gegen die Globalisierung.* Aus dem Hebräischen übersetzt von Ruth Achlama, Berlin: Ullstein 2020.

FLUSSER, Vilém, *Die Schrift. Hat Schreiben Zukunft?,* Göttingen: European Photography, 2002 (Hg. von Andreas Müller Pohle).

HEIDEGGER, Martin, *Bauen Wohnen Denken. Vorträge und Aufsätze,* Stuttgart: Klett-Cotta 2022.

JACQUEMIN, Nico (Hrsg.), *De verstomming van het kritische denken.* Brüssel VUPRESS 1995.

KADARE, Ismail, *Essays on World Literature, Aeschylus – Dante – Shakespeare,* Aus dem Albanischen von Ani Kokobobo, Brooklyn: Restless Books 2018.

KLEMPERER, Victor, *Ich will Zeugnis ablegen bis zum letzten. Tagebücher 1933–1945.* Berlin: Aufbau 2015; 5. Juli 1942.

KOLBERT, Elisabeth, *Das sechste Sterben. Wie der Mensch Naturgeschichte schreibt.* Aus dem Englischen von Ulrike Bischoff, Berlin: Suhrkamp 2015.

LATOUR, Bruno, *Kampf um Gaia. Acht Vorträge über das neue Klimaregime.* Aus dem Französischen übersetzt von Bernd Schwibs und Achim Russer, Berlin: Suhrkamp 2017.

LATOUR, Bruno, *Das terrestrische Manifest.* Aus dem Französischen von Bernd Schwibs, Berlin: Suhrkamp 2018.

LEFORT, Claude, *Wat is politiek?* Amsterdam 2016.

LOUIS, Édouard, *Das Ende von Eddy.* Aus dem Französischen von Hinrich Schmidt-Henkel, Frankfurt: Fischer 2015.

LOWENHAUPT TSING, Anna, *Der Pilz am Ende der Welt. Über das Leben in den Ruinen des Kapitalismus.* Aus dem Englischen von Dirk Höfer. Berlin: Matthes & Seitz 2019.

MOÏSI, Dominique, *Kampf der Emotionen. Wie Kulturen der Angst, Demütigung und Hoffnung die Weltpolitik bestimmen.* Aus dem Französischen von Thorsten Schmidt, München: DVA 2009.

MORIN, Edgar, *Sur la crise: Pour une crisologie suivi de Où va le monde?,* Paris: Éditions Flammarion, coll. Champs 2020.

MOUFFE, Chantal, *Das demokratische Paradox.* Aus dem Englischen von Oliver Marchart, Wien: Turia + Kant 2008 (Nachdruck 2018).

MOUFFE, Chantal, *Agonistik – Die Welt politisch denken.* Aus dem Englischen von Richard Barth, Berlin: Suhrkamp 2014.

MOUFFE, Chantal, *Über das Politische. Wider die kosmopolitische Illusion.* Aus dem Französischen von Niels Neumeier, Frankfurt am Main: Suhrkamp 2007.

NANCY, Jean-Luc, TYRADELLIS, Daniel, *Was heißt uns Denken?,* Aus dem Französischen von Thomas Laugstien, Zürich / Berlin: Diaphanes 2013.

NUSSBAUM, Martha C., *Citadels of Pride: Sexual Abuse, Accountability, and Reconciliation.* New York: W W Norton & Co. 2022.

REYBROUCK, David Van, *Gegen Wahlen. Warum Abstimmen nicht demokratisch ist.* Aus dem Niederländischen von Arne Braun, Göttingen: Wallstein 2016.

SADIN, Eric, *Het tijdperk van de Ik-tiran. Het einde van een gemeenschappelijke wereld.* Amsterdam 2021.

SAFRANSKI, Rüdiger, *Das Böse oder das Drama der Freiheit,* München: Hanser 1997.

SAGAN, Carl, *Blauer Punkt im All. Unsere Zukunft im Kosmos.* Aus dem Englischen von Susanne Bunzel, München: Droemer Knaur 1996.

SALLENAVE, Danièle, *Jojo le Gilet jaune.* Paris: Gallimard 2019.

SCHMITT, Carl, *Der Begriff des Politischen.* Text von 1932 mit einem Vorwort und drei Corollarien; 3. Auflage der Ausgabe von 1963, Berlin: Duncker & Humblot 1991, 6. Auflage Berlin 1996.

SLOTERDIJK, Peter, *Zorn und Zeit. Politisch-psychologischer Versuch*. Berlin: Suhrkamp 2013.

STIEGLER, Bernard, *Ce qui fait que la vie vaut la peine d'être vécue. De la pharmacologie*. Paris: Éditions Flammarion 2010.

THEWELEIT, Klaus, *Männerphantasien*. Berlin: Matthes & Seitz 2019.

Roman
Aus dem Niederländischen von Ira Wilhelm
Mit Fotografien
480 Seiten
Auch erhältlich als eBook und Hörbuch-Download

Als Stefan Hertmans sich zum Kauf eines alten Hauses in Gent entschließt, ahnt er nichts von den Geschichten, die sich hinter dessen Mauern abgespielt haben. Er macht sich auf die Suche nach den Spuren der früheren Bewohner und entdeckt die fesselnde Geschichte eines ss-Offiziers und dessen pazifistischer Frau. Angetrieben von einem tiefen Bedürfnis nach Verständnis, tastet sich Hertmans an diese Figuren heran und beleuchtet damit zugleich die Tragödie eines ganzen Landes.

STEFAN HERTMANS, geboren 1951 in Gent, Belgien, Dichter, Dramatiker, Romancier, gilt als einer der wichtigsten niederländischsprachigen Autoren der Gegenwart. *Krieg und Terpentin* war 2016 für den International Man Booker Prize und den Premio Strega International nominiert und wurde u.a. von *The New York Times* zu einem der zehn besten Bücher des Jahres gewählt. Sein Roman *Der Aufgang* ist 2024 für den Dublin Literary Award nominiert. In den Niederlanden sind zuletzt seine gesammelten Essays erschienen. Stefan Hertmans lebt in Brüssel und im südfranzösischen Monieux.

IRA WILHELM, geboren 1962 in Lahr, ist eine deutsche Übersetzerin und Literaturwissenschaftlerin. Sie überträgt Romane, Gedichte und Sachbücher aus dem Niederländischen ins Deutsche, ihre Übersetzung von Stefan Hertmans' *Die Fremde* wurde 2018 mit dem Else-Otten-Übersetzerpreis ausgezeichnet. Ira Wilhelm lebt in Berlin.